Zehn Weisheiten der Psychotherapie

Maria Kurz-Adam

Zehn Weisheiten der Psychotherapie

Ein Lesebuch über
die Erkenntnis
psychotherapeutischen
Denkens

Maria Kurz-Adam
Poing, Deutschland

ISBN 978-3-662-65927-4   ISBN 978-3-662-65928-1 (Ebook)
https://doi.org/10.1007/978-3-662-65928-1

Die Deutsche Nationalbibliothek verzeichnet diese Publikation in der Deutschen Nationalbibliografie; detaillierte bibliografische Daten sind im Internet über http://dnb.d-nb.de abrufbar.

© Der/die Herausgeber bzw. der/die Autor(en), exklusiv lizenziert an Springer-Verlag GmbH, DE, ein Teil von Springer Nature 2022

Das Werk einschließlich aller seiner Teile ist urheberrechtlich geschützt. Jede Verwertung, die nicht ausdrücklich vom Urheberrechtsgesetz zugelassen ist, bedarf der vorherigen Zustimmung des Verlags. Das gilt insbesondere für Vervielfältigungen, Bearbeitungen, Übersetzungen, Mikroverfilmungen und die Einspeicherung und Verarbeitung in elektronischen Systemen.

Die Wiedergabe von allgemein beschreibenden Bezeichnungen, Marken, Unternehmensnamen etc. in diesem Werk bedeutet nicht, dass diese frei durch jedermann benutzt werden dürfen. Die Berechtigung zur Benutzung unterliegt, auch ohne gesonderten Hinweis hierzu, den Regeln des Markenrechts. Die Rechte des jeweiligen Zeicheninhabers sind zu beachten.

Der Verlag, die Autoren und die Herausgeber gehen davon aus, dass die Angaben und Informationen in diesem Werk zum Zeitpunkt der Veröffentlichung vollständig und korrekt sind. Weder der Verlag, noch die Autoren oder die Herausgeber übernehmen, ausdrücklich oder implizit, Gewähr für den Inhalt des Werkes, etwaige Fehler oder Äußerungen. Der Verlag bleibt im Hinblick auf geografische Zuordnungen und Gebietsbezeichnungen in veröffentlichten Karten und Institutionsadressen neutral.

Planung/Lektorat: Heiko Sawczuk
Springer ist ein Imprint der eingetragenen Gesellschaft Springer-Verlag GmbH, DE und ist ein Teil von Springer Nature.
Die Anschrift der Gesellschaft ist: Heidelberger Platz 3, 14197 Berlin, Germany

Doch der Mann in einer heitren Regung
Fragte noch: „Hat er was rausgekriegt?"
Sprach der Knabe: „Daß das weiche Wasser in Bewegung
Mit der Zeit den mächtigen Stein besiegt.
Du verstehst, das Harte unterliegt."
Bertold Brecht, Legende von der Entstehung des Buches
Taoteking auf dem Weg des Laotse in die Emigration

Setze den Menschen als Menschen und sein Verhältnis zur
Welt als ein menschliches voraus, so kannst du Liebe nur
gegen Liebe austauschen, Vertrauen nur gegen Vertrauen etc.

Karl Marx, Pariser Manuskripte

„Would you tell me, please, which way I ought to go
from here?"
„That depends a good deal on where you want to get to,"
said the Cat.

Lewis Carroll, Alice in Wonderland

Meinem Mann

Einführung

In Therapie

Rund 50 Mio. Menschen haben seit ihrem Erscheinen im Jahr 2021 die Erfolgsserie „In Therapie" auf der Mediathek des deutsch-französischen Senders arte abgerufen. Vor jeder Folge versammeln sich im Schnitt fast zwei Millionen Zuschauerinnen und Zuschauer und sehen einem denkbar unspektakulären Geschehen zu, das sich Psychotherapie nennt (Süddeutsche Zeitung 2022). Zwei Menschen sitzen in einem stillen Arbeitszimmer einander gegenüber, das Tageslicht schimmert durch die hohen Fenster eines Altbaus in einem Pariser Wohnviertel, im Hintergrund Bücher, Bilder, die wenigen Schritte, die die beiden Menschen machen, gedämpft von Teppichen. Die Menschen, die in dieses Zimmer zu diesem Therapeuten kommen, sind aus unterschiedlichen Gründen hier. Sie wurden von anderer Stelle geschickt, sie kommen auf Empfehlung, mal mehr, mal weniger freiwillig. Sie sitzen auf einer roten Couch, sie hören zu, sie sprechen, sie weinen, trauern, lachen, sie sind wütend, verzweifelt, einige schwer traumatisiert. Für die kurze Zeit in diesem Raum aber sind die Menschen in ihren Gefühlen immer ein wenig geschützt, wie in einer zweiten Haut, einem fein gewobenen Netz eines vorsichtigen Vertrauens, zweifelnd, wünschend, hoffend, dass diese Form des Gesprächs am Ende hilfreich sein würde.

Was erklärt den Erfolg dieser Serie? Ohne Zweifel gründet der Erfolg nicht auf dem bloßen Vergnügen des Zuschauens. Zu undramatisch ist die Inszenierung, zu berührend sind die Erfahrungen, die die Schauspielerinnen und Schauspieler hier auf dieser kleinen intimen Bühne der Therapie vortragen – es geht etwa in der ersten Staffel um die unmögliche Bewältigung der Bilder, die seit den Terroranschlägen des Jahres 2015 in Frankreich in den Köpfen der Hilfesuchenden geistern, in der zweiten Staffel werden die Folgen und die Erfahrungen der Corona Pandemie, die Einsamkeit und der psychische Druck im ersten langen Lockdown im Frühjahr 2020 zum Thema. Wir sehen den ruhigen, ein wenig entrückt und zuweilen auch ratlosen und bedrückten Therapeuten in seinem alten Sessel sitzend, seine verstörten Patientinnen und Patienten, Männer, Frauen, Kinder, Jugendliche ihm gegenüber auf der Couch, und wenn die Stille in sein Arbeitszimmer einkehrt, treten uns die Hilfesuchenden mit ihren Geschichten in allen ihren Konturen Schritt für Schritt näher.

Vielleicht ist es die Begegnung mit uns selbst, in der der Erfolg der Serie wurzelt. Vielleicht ist es die Aktualität der Themen – die Terroranschläge in Paris und die Corona Pandemie haben uns vor Augen geführt, wie sehr wir die Auseinandersetzung mit den psychischen Folgen dieser bedrohlichen Ereignisse brauchen. Vielleicht ist es die emotionale Berührung, die selbst im Zusehen fast greifbar wird, wenn sich zwei Personen im Gespräch der Therapie den wesentlichen Themen des Lebens annähern, über den Tod, die Liebe, die Erfahrungen von Gewalt und Demütigung, die Kränkungen, die Zurückweisungen, die bloße Angst sprechen. Sicher aber ist, dass der Erfolg der Serie in einem ungebrochenen Interesse an Psychotherapie gründet, die immer schon, heute vielleicht mehr denn je, die Menschen in den Bann zieht. Das Bewusstsein der Unsicherheit, der Zerbrechlichkeit unserer Lebenspläne, die Erfahrung der Krisenhaftigkeit des Lebens und der Wunsch nach innerer Heilung ist immer schon der Grund für die Sehnsucht nach einem sicheren, stillen Ort des Verstehens, auch wenn es nur für eine Stunde in der Woche ist, die sich für einige Zeit wiederholt.

Das Leben ist nicht einfach. Täglich wirft es Fragen auf, zwingt uns zu Entscheidungen, die wir eigentlich nicht treffen wollen oder von denen wir glauben, dass wir sie nicht treffen können. Unsere Hoffnungen auf Erfolg und Glück werden immer wieder enttäuscht oder zerbrechen, wir begegnen Verlust, Reue, Verzweiflung und Erschöpfung. Millionen von Menschen erleben mindestens einmal im Leben eine schwere Krise, in der sie sich Hilfe suchen oder suchen müssen. Allein in Deutschland haben etwa neun Prozent aller Erwachsenen in den letzten drei Jahren psychotherapeutische Hilfe in Anspruch genommen, fast doppelt so viele waren irgendwann einmal in ihrem Leben in psychotherapeutischer oder psychiatrischer Behandlung, nicht mitgezählt sind die unzähligen Gespräche, die die Hausärztinnen und Hausärzte mit psychisch belasteten und erschöpften Menschen täglich führen (Deutsche PsychotherapeutenVereinigung 2021, S. 30 f.). Die Zahl der psychischen Belastungen ist in den letzten Jahren deutlich gestiegen. Zugleich wächst das Berufsfeld der Psychotherapeutinnen und Psychotherapeuten stetig, es ist längst schon ein von den Versicherungen anerkanntes professionelles Feld im Gesundheitssystem, das immer mehr an Bedeutung gewinnt.

Aber nicht allein bei den Professionen der Psychotherapie suchen sich Menschen Hilfe. Die Zahl der Psychotherapie-Ratgeber auf dem Buchmarkt ist schier unüberschaubar geworden, in jeder Sachbuch-Bestsellerliste finden sich unter den ersten Plätzen autobiografische Berichte über erfolgreich verlaufene Therapien, Anleitungen zur Selbsthilfe, Techniken und Methoden, die das Selbstbewusstsein stärken sollen oder Wege aus der Krise und Wege zum Glück aufzeigen wollen. Das Bedürfnis nach Wissen, nach Orientierung, nach Hilfe und Entlastung, das aus der Nachfrage für diese Bücher spricht, ist groß. Die Menschen suchen im Lesen nach Antworten – wie können wir einer Krise entkommen, wie werden wir wieder erfolgreich, stark, wie können wir wieder in dieser Welt, in diesem Leben bestehen, das uns erst in diese Krise geführt hat? Was muss geschehen, was kann ich tun, damit es mir besser geht?

Wir verstehen heute psychotherapeutische Hilfe in erster Linie als eine Hilfe, die uns aus einer akuten Krise herausführt. Dabei stehen zahlreiche Methoden der Psychotherapie zur Auswahl – sei es die Verhaltenstherapie, die Psychoanalyse, die kognitive Therapie, die Familientherapie, die Gesprächspsychotherapie, oder neurowissenschaftliche Therapiemodelle, in denen Erkenntnisse der Hirnforschung, der Pharmakologie und der Psychotherapie zusammenfließen. Was erwarten wir heute von der Psychotherapie? Die Hilfe muss in einem professionellen überprüfbaren Rahmen verortet sein, damit wir ihr vertrauen können. Sie muss Ziele haben, eine bestimmte Zeit dauern, in einem sicheren Rahmen geschehen. Psychotherapie soll uns dabei helfen, unsere bedrückenden Gedanken zu verändern, unsere Süchte in den Griff zu bekommen, unsere Beziehungen neu auszubalancieren, Gefühle wieder kontrollieren zu können. Meist haben wir die Erwartung, dass Psychotherapie wirken soll wie eine Medizin – wenn sie richtig dosiert verabreicht würde, müsse es uns wieder besser gehen, wir müssen schließlich wieder funktionieren, im Leben bestehen können, krisenfest werden. Diese Erwartung richtet sich auch an die Buchratgeber – sie sollen verständliche Anleitungen enthalten, denen wir Schritt für Schritt folgen können, um zum Ziel eines erfolgreicheren Lebens zu gelangen. Psychotherapie ist heute vielfach ein Mittel zur Selbstoptimierung, eine Technik, die unseren Geist und unsere Seele funktionsfähig für die Anforderungen des Arbeitslebens und des Beziehungslebens macht. Wir sollen uns wieder wohl fühlen, wir wollen erfolgreich sein, ein besserer Mensch werden.

Aber Psychotherapie umfasst immer mehr als bloße Optimierung. In ihrer Geschichte bis hin zu ihren Wurzeln in den Religionen und Heilungsmythen der Völker war die Psychotherapie eine vielgestaltige Form des Denkens und Handelns, um den Menschen und seine Welt, seine Beziehungen zu verstehen, bis tief in seine frühen Wünsche, seine Ängste, seinen Zorn, seine Liebe hineinzuschauen. Das seelische Leid, das Menschen immer schon erlebt haben – der Verlust eines geliebten Menschen, die tiefe Angst vor dem Tod, die Angst, über die Gedanken die Kontrolle zu verlieren, die Kränkungen, die Selbstzweifel, die Einsamkeit – war in der Entstehungsgeschichte der Psychotherapie eine beständige Aufforderung, die conditio humana, all das, was den Menschen ausmacht, zu verstehen. Aus diesem

Verständnis heraus entwickelte das psychotherapeutische Denken nicht allein Techniken und Methoden der Besserung, die in ihrem Wesen der Medizin zuzuordnen waren. Das psychotherapeutische Denken hat von Beginn seiner Geschichte immer auch nach Antworten auf die Themen des Lebens gesucht. Jenseits aller Techniken einer Optimierung unserer Selbst war Psychotherapie immer auch eine Form der Konzentration auf unser Innerstes, eine Form der Betrachtung unseres Selbst, in der Zeit und Raum für eine Weile unwichtig sind. Die Geschichte, die Entwicklung nahezu jeder Richtung der Psychotherapie birgt auch eine reiche Tradition der Suche nach uns Selbst, die über die reine Anwendung einer Fragetechnik, einer Übung, eines Trainings, eines Lernprogramms hinausgeht. In dieser Suche liegen bis heute die Weisheiten der Psychotherapie.

Die Weisheiten der Psychotherapie

Worin bestehen die Weisheiten der Psychotherapie? Was macht ihre Bedeutung auch heute aus?

Die enorme Nachfrage nach psychotherapeutischer Hilfe zeigt, wie sehr auch heute Menschen mit Belastungen zu kämpfen haben, die sie im Lauf ihres Lebens oft in existentieller Weise berühren. Vor allem in Krisen treten diese Belastungen wie unter einem Vergrößerungsglas hervor, sie dehnen sich zu alles beherrschenden Problemen aus. Das Leben scheint stillzustehen, wie festgefroren. Das Bedürfnis nach einem entlastenden Wort, nach einer neuen Erkenntnis, nach Wachstum, nach einem zuversichtlichen Weg in die Zukunft ist groß.

Hier beginnen die Weisheiten der Psychotherapie. Sie fassen das Wissen und alle Erkenntnis zusammen, die das psychotherapeutische Denken in seiner Geschichte gesammelt hat. Sie befassen sich mit der Angst vor dem Leben und dem Tod, mit der Erfahrung des Verlusts, dem Gefühl eines Scheiterns und der persönlichen Wertlosigkeit. Sie kennen aber ebenso die Kraft unseres Denkens, die Sprache unseres Körpers, die Kraft unserer Wünsche, unsere lebenslange Auseinandersetzung mit inneren Verboten und dem Zwang zum Erfolg, sie wissen etwas über die Schönheit und den Preis der Freiheit. Die Weisheiten der Psychotherapie sind immer auch Weisheiten über die Wahrnehmung unserer Lebenszeit, über den Zeitlauf unseres Lebens, das sich in Vergangenheit, Gegenwart und Zukunft teilt.

Jede Krise erzählt uns etwas über unsere Geschichte. Sie erzählt uns etwas über unseren Körper, unsere Gefühle, unsere Art, mit unseren Gedanken die Welt zu formen, unseren Lebenswillen und unsere Beziehung zum Tod. Die Weisheiten, die die Psychotherapie aus ihrer Geschichte und den vielen Richtungen, in die sie sich heute verzweigt hat, für uns bereithält, können dabei helfen, die Krise zu überstehen.

Wie lassen sich diese Weisheiten beschreiben? Sie sind nicht rechthaberisch. Sie umfassen keine gewaltigen und unüberschaubaren Gedankengebäude. Sie sind auch nicht im Gesamtwerk einer berühmten Psychotherapeutin oder eines berühmten Psychotherapeuten zu finden. Sie sind vielfach auch nicht einer einzigen Schule zuzuordnen. Vielmehr sind die Weisheiten aus dem gesamten Fluss der Erfahrungen und des Wissens entstanden, den die Psychotherapie im Verlauf ihrer Geschichte verfolgt hat. Weisheiten müssen nicht kompliziert, schwierig zu erfassen oder zu verstehen sein. Sie sind oft in einfachen Sätzen zu finden. Sie berühren etwas in uns, sie kommen dort an, wo wir uns gerade in unseren Gedanken und Gefühlen bewegen.

Die Sprache der Weisheiten muss so geformt sein, dass sie sich nicht in der Leere oder im Belanglosen, in der Banalität verliert. Die Sprache der Weisheiten muss auf ihre Weise wahrhaftig sein. Erst dann können die Gedanken, die Erfahrungen und das Wissen, die große Denkerinnen und Denker der Psychotherapie in Worte gefasst haben, uns dabei helfen, den einen Schritt weiterzugehen, die eine schwere Stunde das Tages zu überstehen, in der Gegenwart eine Zuversicht zu gewinnen, etwas in der Stille unseres Herzen beenden zu können oder Frieden in unsere Gedanken einziehen zu lassen.

Die Auswahl der Weisheiten

Dieses Buch versammelt eine Reihe dieser Weisheiten der Psychotherapie, die auch heute überall dort zu finden sind, wo sich Menschen in einer helfenden Beziehung begegnen. Einige dieser Weisheiten stammen von berühmten Psychotherapeuten (Sigmund Freud, Carl R. Rogers, Otto Kernberg). Ebenso aber finden sich Weisheiten, die ihre Kraft aus einer existentiellen Erfahrung schöpfen (Viktor Frankl) oder aus der langjährigen Erfahrung einer psychischen Erkrankung und der Begegnung mit der Therapie geformt sind (Marie Cardinal, Thomas Melle, Lori Gottlieb). Die schöpferische Kraft des Seins in der Gegenwart findet ebenso ihren Platz wie die Weisheiten, die sich ganz der Erforschung einer umgrenzten Lebensphase gewidmet haben (Erich Fromm, Margaret Mahler). Nicht zuletzt blickt die Auswahl auf die Vorgeschichte der Psychotherapie zurück, in der die heilende Kraft der Natur des Menschen und die Kraft der

Gelassenheit entdeckt wurden (Meister Eckhart, Franz Anton Mesmer).

Jedes Kapitel befasst sich mit einer Weisheit, für die exemplarisch eine Denkerin oder ein Denker der Psychotherapie steht. In manchen Kapiteln werden mehrere Bezüge zwischen den unterschiedlichen Richtungen der Psychotherapie hergestellt – etwa im ersten Kapitel „Auf Leben und Tod" geben Sigmund Freud und Irvin D. Yalom aus ihrer Perspektive Antworten auf unser Verhältnis zum Tod, oder im Kapitel „Ich und Du" finden die Ideen Carl R. Rogers und Martin Bubers zur hilfreichen Beziehung zueinander.

Diese Auswahl ist subjektiv – sie versammelt Gedanken, die meine Erfahrungen als Hochschullehrerin, als Führungskraft, als Beraterin, meine fast 40 jährige Erfahrungen in und mit der Psychotherapie, nicht zuletzt auch meine persönlichen Erfahrungen mit Lebenskrisen widerspiegeln. Zugleich aber ist die Auswahl zutiefst dem schöpferischen Wissen und der Geschichte der modernen Psychotherapie verpflichtet. Auch wenn sich die Gedankenwelt des Berufsfeldes der Psychotherapie beständig mit fast rastloser Kreativität wandelt, ruht sie doch tief und fest in ihren Wurzeln, sich dem Menschen und der Erleichterung seines seelischen Leides zuzuwenden. Die Auswahl folgt diesen Wurzeln – jeder dieser Weisheit wohnt ein Weg inne, Frieden mit sich selbst zu schließen, den Wert der gegenwärtigen Zeit, so wie sie ist, zu schätzen, sich ohne die lähmende Bedrückung der Angst behutsam auf den weiteren Lebensweg zu machen. Und nicht zuletzt können uns diese Weisheiten der Psychotherapie die Kraft geben, ein wenig in der Stille der psychischen Arbeit, die wir in jeder Krise unablässig leisten, aufatmen zu können.

# Literatur

Deutsche PsychotherapeutenVereinigung, Report Psychotherapie 2021, Berlin 2021. https://www.dptv.de/fileadmin/Redaktion/Bilder_und_Dokumente/Wissensdatenbank_oeffentlich/Report_Psychotherapie/DPtV_Report_Psychotherapie_2021.pdf. Aufruf 3. Mai 2022.

Suchtstoff mit Seele. Süddeutsche Zeitung vom 7. April 2022. https://www.sueddeutsche.de/medien/in-therapie-serie-arte-staffel-zwei-1.5561331. Aufruf 25. Mai 2022.

Inhaltsverzeichnis

Auf Leben und Tod	1
Ich und Du – Was uns zusammenhält	13
Denken verändert die Welt	25
Meine reiche innere Welt	37
Das Leben leuchtet	47
Wie wir werden	61
Eine Anleitung zur Gelassenheit	71
Seelenwunder	83
Reden wir über etwas anderes	101
So ist das Leben – Nach der Therapie	119

Auf Leben und Tod

Kaum ein Thema hat die moderne Psychotherapie so sehr beschäftig wie der Tod. Die Frage, welchen Platz der Tod in unserem Leben hat, die Frage, was uns antreibt, dem Tod zu entrinnen oder ihn geradezu herbei zu sehnen, die Art und Weise, wie wir den Tod verdrängen oder ihn heroisch verklären, gehört zum Kernbestand psychotherapeutischer Erfahrung und psychotherapeutischen Wissens. Menschen kommen in die Therapie, weil sie den Tod fürchten oder ihn herbeitrinken oder herbeihungern, sie kommen in Therapie, weil der Tod ihr Leben bestimmt und sie lähmt. Sie kommen, den Kopf voller Gedanken der Hoffnungslosigkeit und Verzweiflung – wozu das alles? Macht mein Leben noch Sinn? Was wäre, wenn ich mein Leben vor meinem sicheren Tod noch einmal ändern könnte?

Der Tod stellt eine existentielle Frage an uns, die umso mehr an Gewicht gewinnt, wenn er uns durch besondere

Ereignisse oder durch die bloße Wahrscheinlichkeit näherkommt. Schwere Erkrankungen, deren Heilungschancen gering sind, der Verlust einer nahestehenden Person, das bloße unaufhaltsame Altwerden und die Wahrnehmung der Endlichkeit der Jahre, die noch bleiben, können Anlässe sein, die sich zu existentiellen Krisen formen können. Alle Themen und Fragen unseres Lebens kommen – bewusst oder unbewusst – auf den Prüfstand. Diese existentielle Dimension das Todes hat eine eigene Schule der Psychotherapie herausgebildet, die sich zwischen Psychologie und Philosophie bewegt. Die *existentielle Psychotherapie* befasst sich mit den Grundfragen des Lebens und so vor allem auch mit seinem Ende, dem Tod, der seinen Schatten, aber vielleicht auch sein Licht in das Leben vorauswirft.

Die berühmten Begründer dieser Therapieform, der Psychologe Rollo May und der Psychiater und Psychoanalytiker Irvin Yalom, sehen den Menschen beständig den Grundkonflikten des Lebens ausgesetzt. Die Wahrnehmung von Einsamkeit, die Suche nach dem Sinn und die schmerzliche Erfahrung der Sinnlosigkeit, die Sehnsucht nach absoluter Freiheit und die Erkenntnis der Sterblichkeit stellen uns – gerade in Krisen – vor existentielle Fragen. Diese Fragen sind im Bild der existentiellen Psychotherapie kein Zeichen einer Neurose oder einer psychischen Krankheit. Sie sind tiefe Lebensfragen, die jeden Menschen beschäftigen, belasten, herausfordern. Die Psychotherapie hat dann nicht das Ziel der Heilung von einer Neurose oder einer seelischen Erkrankung, sondern ist ein Angebot, auf diese Lebensfragen eine Antwort zu finden. Im geschützten Rahmen des therapeutischen Gesprächs können sich Menschen für eine Zeit auf die Suche nach einer Antwort für ihr persönliches Leben begeben.

Vor allem Irvin Yalom ist mit seinen Schriften über den Tod und die Antworten der Psychotherapie berühmt geworden. Viele Menschen kommen auch heute noch zu ihm, mit schweren Krebserkrankungen, nach einer Trennung, oder im hohen Alter, den sicheren Tod vor Augen, die Herzen schwer und voller Verwirrung, Trauer und Angst. Sie finden in Yalom einen Menschen, der diese Gefühle mit ihnen teilt und dieses auch ihnen gegenüber aussprechen kann. Aus dieser zweifachen Erfahrung heraus, der Zusammenarbeit mit den Klientinnen und Klienten als auch der eigenen Auseinandersetzung mit der persönlichen Todesfurcht hat Irvin Yalom wohl eines seiner bekanntesten Bücher geschrieben. *In die Sonne schauen* ist 2008 erschienen, ein Buch, das dabei helfen kann – so der Untertitel – „Wie man die Angst vor dem Tod überwindet". In sieben Kapiteln erzählt uns Yalom von den unterschiedlichen Ausformungen, die die Furcht vor dem Tod in unserem Leben entstehen lässt, und von den Möglichkeiten, eine neue schöpferische Kraft zu finden. Dazu müssen wir, so Yalom, uns einem kurzen Blick in die Sonne aussetzen:

> „Es ist nicht leicht, jeden Augenblick in vollem Bewusstsein des Todes zu leben. Das ist so, als versuche man, der Sonne ins Gesicht zu schauen, was sich nur begrenzt aushalten lässt. (…) Der Tod hat einen langen Arm, sein Einfluss bleibt häufig verborgen. Obwohl die Angst vor dem Sterben manche Menschen vollkommen lähmen kann, ist sie oft versteckt und drückt sich durch Symptome aus, die nichts mit der eigenen Sterblichkeit zu tun zu haben scheinen.(…) Viele Menschen haben Angstgefühle, Depressionen oder andere Symptome, die sich aus der Furcht vor dem Tod speisen." (Yalom 2008, S. 13 f.).

Aber der kurze, schmerzhafte Blick in die Sonne ist auch ein Blick ins Licht. Yalom zeigt uns,

„dass eine Konfrontation mit dem Tod nicht in Verzweiflung ausarten muss, die einen jedes Lebenssinns beraubt. Im Gegenteil, es kann die Erweckung zu einem reicheren Leben sein." (Yalom 2008, S. 14 f.).

Welchen Weg schlägt Yalom ein, um den Rat- und Hilfesuchenden die Angst vor dem Tod ein wenig zu nehmen, ihnen einen Weg der Erleichterung und einer größeren Freiheit zu eröffnen? Es gibt keine Hierarchie zwischen dem Therapeuten und den Ratsuchenden, weil die existentiellen Fragen jeden Menschen in gleicher Weise berühren. Das nachdenkliche und zugewandte Gespräch zwischen zwei Menschen ist der wesentliche Ort, an dem die Therapie geschieht. Die individuelle Geschichte dessen, der den Rat oder Hilfe sucht, ist der Ausgangspunkt, von hier aus entwickeln sich die Linien in die Gegenwart und in die Möglichkeit einer anderen Zukunft. Die Bedeutung, die Freiheit, Einsamkeit oder die Sterblichkeit in der persönlichen Lebensgeschichte der Ratsuchenden hat, wird erkundet, im Gespräch diskutieren die Therapeutin, der Therapeut und der oder die Hilfesuchende das Feld, stellen Fragen, an sich, an den anderen. In diesem Gespräch entsteht etwas für die Ratsuchenden – eine Art der Begegnung mit sich selbst, eine neue Erzählung ihrer Lebensgeschichte, eine Form, sich dem Unvermeidlichen des Todes so zu stellen, die das eigene Ich nicht auslöscht, ins Heldenhafte überhöht oder in die Knie zwingt. Aber auch in der Geschichte des Therapeuten oder der Therapeutin entwickelt sich eine neue Erfahrung in der Begegnung mit der eigenen Sterblichkeit. Sie gründet in der Aufrichtigkeit gegenüber sich selbst.

Die Therapeutinnen und Therapeuten müssen ebenso wie ihre Klientinnen und Klienten die Illusion der eigenen Unverwundbarkeit aufgeben. Sie sind nicht in der

Rolle des Heilers oder der Heilerin. Die Rat- und Hilfesuchenden sind nicht Patientinnen und Patienten, die an einer als krankhaft diagnostizierten Angst leiden. Sie sind auf der Suche nach einer Antwort auf ihre ganz persönliche Angst vor dem Tod. „Wir müssen", so schreibt Yalom, „diese Rudimente eines medizinischen Modells aufgeben, das postuliert, solche Patienten seien von einem seltsamen Leiden befallen und bräuchten einen leidenschaftslosen, fehlerfreien, distanzierten Helfer. Wir sind alle mit demselben Schrecken konfrontiert, der Wunde der Sterblichkeit, dem Wurm im Kern der Existenz." (Yalom 2008, S. 258). Die Psychotherapie, so wie Yalom sie versteht, geschieht auf Augenhöhe. Wir sind, wenn wir unserer Angst vor dem Tod begegnen, nicht krank und seltsam, dem Therapeuten hilflos ausgeliefert. Das allein stellt die Würde wieder her, mit der wir den Faden unseres Lebens weiterspinnen können.

Irvin Yalom erzählt sein Vorgehen in der Psychotherapie in Form von Geschichten. Viele seiner Werke haben das Format eines Romans oder einer Erzählung, sie berichten von Begegnungen, geben Dialoge mit den Ratsuchenden wieder, schieben Einfälle und eigene Reflexionen ein, die den Therapeuten während seiner Sitzungen begleiten. Die Dauer und die Häufigkeit der Therapiestunden sind nicht festgelegt, wir lesen in Yaloms Büchern von einmaligen Begegnungen, sporadischen Krisensitzungen, längeren therapeutischen Prozessen. Wir begleiten seine Klientinnen und Klienten in ihre Träume, fühlen mit ihnen mit, wie es ist, von dumpfer Trauer gelähmt zu sein, sich ihres Körpers oder ihres scheinbar mutlosen Lebens zu schämen, wir klagen mit ihnen unser Leid, wir halten mit ihnen den Kopf mühsam über Wasser. Wir lauschen der Stille nach, die zwischen dem Therapeuten und uns liegt, wir schöpfen Vertrauen in die Gegenwart, wir werden ernst genommen. Langsam beginnen wir zu verstehen, wie sehr die Angst vor dem Tod in unsere Art zu leben eingreift, wie sehr unser Wunsch nach Anerkennung und Anpassung unser Leben bestimmt. Wir verstehen, dass unsere Depressionen, unser Kummer und unsere Ängste tief mit unserer Furcht vor dem Tod zusammenhängen – unsere Angst vor dem Ende lähmt uns in der Gegenwart, und erst, wenn wir in die Sonne schauen und dem Tod ins Auge blicken, können wir damit beginnen, in der Gegenwart zu leben.

Geschichten kommen von Geschichten. Irvin Yaloms Erzählungen aus der Psychotherapie wurzeln in vielem in den Auseinandersetzungen der abendländischen Philosophie mit existentiellen Fragen und suchen darin Antworten und Hilfestellungen für unser gegenwärtiges Leben. Epikur und Platon, Nietzsche und Schopenhauer dienen Yalom als Zeugen seiner Überlegungen. Aber der Tod ist nicht allein eine Frage der Philosophie, der letzten Fragen der Menschheit, die uns in die Krise zwingen. Der lange Arm des Todes ist nicht allein ein Schatten, sondern ebenso ein Mittel der Macht von Menschen über Menschen, das uns seit der Urgeschichte begleitet. Neben der *existentiellen Dimension* des Todes, die Yalom in seinen Geschichten der Psychotherapie entfaltet, gibt es auch die *psychologische Dimension* des Todes. In dieser Dimension existieren keine Verbote, keine ethischen Grundregeln, kein „Du sollst nicht töten". In dieser Dimension herrscht die ungezügelte Macht der Gefühle. Hier, tief in unserer Innenwelt, hat der Tod auch seine machtvolle Kraft für unser Ich – er ist Instrument unseres Hasses, auf andere, auf uns selbst. In unserem Inneren zeigt er auch seine triumphale Seite, mit der wir die Feinde unseres Ichs, die uns so sehr verletzt haben, besiegen können. Todeswünsche gegenüber anderen Menschen sind Teil unserer selbst, unserer psychologischen Geschichte und unserer psychischen Innenwelt. In dieser Innenwelt verhelfen sie uns zu Macht und Überlegenheit, machen uns großartig, unsterblich und zugleich zutiefst verletzlich. Denn warum hassen wir andere Menschen so, dass wir ihnen den Tod wünschen, wenn wir zugleich zu so großer Liebe fähig sein können?

Die Menschen haben ein langes und widerspruchvolles Verhältnis zum Tod, das sich in der gesamten Menschheitsgeschichte abbildet. Der Schmerz über den Tod eines geliebten Menschen gehört ebenso dazu wie die Feier der Vernichtung des Feindes, die Auslöschung des Verhassten, der Brudermord aus Eifersucht. In diesem Widerspruch endet die Philosophie und beginnt die Psychologie – wie sonst können wir uns die Ambivalenz von Liebe und Hass erklären, die die Geschichte der Menschheit begleitet und die wir – auch wenn wir sie fürchten und verdrängen – auch in unseren eigenen Gefühlen immer wieder finden?

Sigmund Freud war ein Meister des Widerspruchs. Wie kein anderer hat er sich auf den Weg gemacht, die tiefen sich widersprechenden Gefühle in uns selbst zu entdecken und zu erklären. Wir meinen, im Tod das Böse zu entdecken, von dem wir erlöst werden müssten. Aber das, was wir das Böse nennen, ist nicht etwas außerhalb unserer Selbst. Es wohnt in uns, seit Beginn der Geschichte der Menschen. Dies ist die große Entdeckung Sigmund Freuds. Unsere Außenwelt ist immer auch ein Spiegel unserer inneren Welt, an ihr können wir ablesen, wie es in unserem Inneren bestellt ist. Von dieser Entdeckung aus beginnt Freud seine Reise zur Bedeutung des Todes in seiner Gegenwart. 1915, im zweiten Jahr des Ersten Weltkrieges, schreibt er seinen Essay *Zeitgemäßes über Krieg und Tod* auf, die abertausenden Toten auf den Schlachtfelder Europas vor Augen, einem Europa, das noch wenige Jahre zuvor sich als Wiege der Zivilisation gefeiert hat, das Böse des Todes besiegt zu haben glaubte und nun eintritt in ein unbegreifliches barbarisches Morden.

„Die Philosophen haben behauptet, das intellektuelle Rätsel, welches das Bild des Todes dem Urmenschen aufgab, habe sein Nachdenken erzwungen und sei der Ausgang jeder Spekulation geworden. Ich glaube, die Philosophen denken da zu – philosophisch, nehmen zu wenig Rücksicht auf die primär wirksamen Motive. Ich möchte darum die obige Behauptung einschränken und korrigieren: An der Leiche des erschlagenen Feindes wird der Urmensch triumphiert haben, ohne eine Anlaß zu finden, sich den Kopf über die Rätsel des Lebens und des Todes zu zerbrechen. Nicht das intellektuelle Rätsel und nicht jeder Todesfall, sondern der Gefühlskonflikt beim Tode geliebter und dabei doch auch fremder und gehaßter Personen hat die Forschung der Menschen entbunden. Aus diesem Gefühlskonflikt wurde zunächst die Psychologie geboren." (Freud 1982, S. 53).

Die Ambivalenz von Liebe und Hass, von Todeswünschen und dem Triumph des Lebens bestimmt die Geschichte der Zivilisation. Wir haben uns das Verbot auferlegt „Du sollst nicht töten" und verzeichnen dennoch eine lange Geschichte der Morde und der Kriege, die bis in die Gegenwart hineinreicht. Ebenso widersprüchlich ist unser Innerstes – trotz dieses Verbotes kennen wir gerade in Krisen Todeswünsche gegen Menschen, die wir lieben und die uns verletzt haben. Wir lieben sie weiter und wünschen uns dennoch manchmal in Zeiten tiefster Kränkung oder Zurücksetzung, dass wir unsere Liebe und damit den Menschen, dem diese Liebe gehört, auslöschen könnten. Aber diese Wünsche bleiben meist unbewusst, wir verdrängen sie und spalten sie von unserem Ich ab. Das Ergebnis dieser Abspaltung ist im extremen Fall der Hass auf alles außerhalb unserer selbst, was uns fremd erscheint. Aber die Ambivalenz von Liebe und Hass, von Trauer und Kränkung, die wir so sehr spüren beim Tod eines geliebten Menschen, beherrscht uns weiter. Wir fühlen uns merkwürdig schuldig, wenn wir über den Tod eines geliebten Menschen auch erleichtert sind, als wäre eine Last von uns gefallen, wir träumen in dunklen Nächten von der Auslöschung all derer, die uns verletzt haben. Der Tod, so widersprüchlich wir ihm auch gegenüberstehen, ist Teil unserer psychologischen Geschichte, die unsere Kultur bis in die Gegenwart formt. „So sind wir auch selbst", so lautet Freuds nüchterner Kommentar angesichts des heraufziehenden Krieges, „wenn man uns nach unseren unbewußten Wunschregungen beurteilt, wie die Urmenschen eine Rotte von Mördern." (Freud 1982, S. 57).

Die Schicht, die zwischen uns und dem Urmenschen liegt, ist dünn. Die Zivilisation ist – psychologisch gesehen – nur eine Haut. Das ist die Essenz der Überlegungen Freuds angesichts des Ersten Weltkrieges, der in Europa zu toben beginnt. Sie kann jederzeit Risse bekommen, weil sie in unserem eigenen Seelenleben Nahrung findet. Um das zu verstehen, müssen wir in eine Tiefe hinabsteigen, die allein durch die Psychologie der Psychoanalyse erklärbar ist – „der einzigen", so schreibt Freud selbstbewusst, „die in solche Tiefen reicht." (Freud 1982, S. 56). In dieser Tiefe, die uns manchmal wie ein dunkler Abgrund erscheint, findet sich die gesamte Ambivalenz unserer Einstellung zum Tod. Unsere Gefühle dehnen sich aus zwischen dem Glauben an unsere unendliche Großartigkeit und tiefster Todesfurcht, zwischen endloser Liebe und abgrundtiefem Hass. In unserem Unbewussten haben wir keine Vorstellung von unserem eigenen Tod, wir glauben uns unsterblich, in unserem Unbewussten sind wir Helden, für immer. Aber wir, die wir uns unsterblich glauben, kennen den Tod, wenn wir ihn als Wunsch gegen andere richten. Wir kennen tiefe Todeswünsche gegen geliebte Menschen, wir verfluchen unsere Feinde, wir triumphieren wie der Urmensch, wenn wir den Feind, diesen Fremden, den wir außerhalb unserer selbst sehen, besiegt haben. Und selbst, wenn wir die Todeswünsche gegen uns selbst richten, tun wir das, weil unser Ich uns selbst fremd geworden ist.

Sigmund Freud trägt in seinem berühmten Essay die Schicht der Zivilisation ab, die zwischen uns und dem Urmenschen besteht. Der auch heute noch allgegenwärtige Krieg zeigt auch uns, wer wir waren und wie wir geworden sind. Er zeigt uns, was wir so sorgfältig unterdrückt haben, mit Verboten und Geboten belegt haben. Er zeigt uns, dass nichts vergangen ist. Das Böse, so wie wir es heute ein wenig selbstgefällig in ferne Kontinente rücken mögen, ist auch in uns. Der Krieg, so schreibt Freud, „streift uns die späteren Kulturauflagen ab und lässt den Urmenschen in uns wieder zum Vorschein kommen. Er zwingt uns wieder, Helden zu sein, die an den eigenen Tod nicht glauben können; er bezeichnet uns die Fremden als Feinde, deren Tod man herbeiführen oder herbeiwünschen soll; er rät uns, uns über den Tod geliebter Personen hinwegzusetzen." (Freud 1982, S. 59).

Psychotherapeutische Arbeit ist Arbeit mit den Widersprüchen der Seele. Sie darf sich nicht fürchten vor dem Hass, der in uns lauert, vor den Schuldgefühlen, die wie Zement auf unseren Beziehungen lasten, sie darf sich nicht fürchten, die inneren Verbote zu erforschen und deren Überschreitungen, die wir in unserem Innersten vollziehen. Der Weg dorthin führt über unsere Träume, in denen wir unsere Wünsche und unsere Angst verarbeiten und an uns wiedererzählen. Er führt aber mehr noch über die Beziehung, die in der Psychotherapie zwischen den beiden Menschen besteht. Die tragende und sichere Beziehung ist das Licht, das die Therapie in das Dunkle unsere Widersprüche wirft, sie hellt den Raum unserer Geschichte auf und hilft, die eigenen Gefühle besser zu verstehen und die Furcht vor ihnen zu überwinden.

Die Ambivalenz des Todes ist auch heute allgegenwärtig. Wir sehen sie nicht allein in den immer wieder auftretenden Zusammenbrüchen der Zivilisation, über die die Nachrichten berichten. Wir spüren sie auch immer wieder in uns, wir spüren, gerade in Krisen, wie die Trauer über einen Verlust uns aufzufressen droht, uns unsere Liebe zu einem anderen Menschen auch in ohnmächtige Wut versetzen kann. Wir spüren, wie wir uns der Illusion unserer Unsterblichkeit hingeben und plötzlich, wie Yaloms Klientinnen und Klienten, durch einen Weckruf schmerzhaft daran erinnert werden, dass wir nicht unsterblich sind, dass sich die Kurve des Lebens langsam senkt, oder die bisherigen Vorstellungen eines heldenhaften *Weiter so* durch eine Krankheit aufgegeben werden müssen. Unser Ich steht ähnlich wie die Zivilisation immer wieder vor der Herausforderung, sich gut darum zu kümmern, dass es nicht unter einem Gebäude von Illusionen zusammenbricht.

Die beiden großen Schriftsteller der Psychotherapie über den Tod bieten unserem fragilen Ich ihre Hilfe an. So wie Yalom mit uns für einen Augenblick in die Sonne schaut, so folgen wir Freud in die dunkle Tiefe unserer Geschichte, die sich in unserem Unbewussten abbildet. Beide Wege sind auf ihre Weise schmerzhaft, sie führen durch unterschiedliche Landschaften, schlagen verschiedene Richtungen ein, tragen auf ihr Weise die Schichten unserer Seele ab. Aber beiden Wegen ist etwas gemeinsam. Sie bringen ein Stück Wahrhaftigkeit in unsere Gedanken und in unser Leben zurück.

Die Konfrontation mit der Idee des Todes birgt nicht nur Schrecken und Verzweiflung. Sie kann uns in der Krise retten, weil sie uns der Erkenntnis über unser Leben näherbringt. Für Yalom ist diese Konfrontation ein Weg, unser Leben reicher zu gestalten. Wir können uns jetzt, in diesem Augenblick der inneren Konfrontation fragen: was möchte ich mit dem Rest meines Lebens anfangen? Welchen Sinn kann ich ihm verleihen? Wie kann ich die nächsten Jahre meines Lebens gestalten, ohne sie am Ende bereuen zu müssen?

Die Konfrontation mit dem Tod kann uns aber auch unseren ambivalenten Gefühlen in unseren Beziehungen zu den Menschen näherbringen. Unsere Schuldgefühle, unsere Wut gerade auf die, die wir lieben, unsere Scham, die wir dabei empfinden, unsere heimlichen Triumphgefühle über andere und unser rücksichtsloses Heldentum, das sich in der Selbstaufgabe im Beruf oder in der Familie zeigt – das sind wir selbst, ein Teil von uns, unserer Geschichte, unserer inneren Konflikte, die wir in uns tragen. Vor allem die schlechten Gefühle mögen uns fremd und unheimlich vorkommen, aber sie gehören zu uns. Wenn wir sie als Teil von uns anerkennen, sind wir der Wahrhaftigkeit unserer Selbst einen Schritt nähergekommen. Sigmund Freud lehrt uns, dass wir uns selbst gegenüber ein wenig realistischer und damit ein wenig nachsichtiger werden. Wir müssen den Tod nicht beständig verdrängen, abspalten, bekämpfen. Wir müssen nicht die Helden unseres Lebens sein. Wir dürfen scheitern, Frieden mit uns selbst schließen, freundlicher zu uns sein. Allein dies lässt unser Inneres wieder lebendiger sein. In der Konfrontation mit dem Tod sehen wir ein – wie Freud seinen Essay enden lässt – dass wir das Leben nur dann aushalten können, wenn wir uns auf den Tod einrichten.

Literatur

Freud, Sigmund (1982). Zeitgemäßes über Krieg und Tod. Studienausgabe Band 9, S. 35 ff. Fischer Taschenbuch.

Yalom, Irvin D. (2008). In die Sonne schauen. Wie man die Angst vor dem Tod überwindet. btb.

Ich und Du – Was uns zusammenhält

In nahezu allen Forschungen über die Wirksamkeit von Psychotherapie ist die *Beziehung* der herausragende Faktor, der über den Erfolg entscheidet. Die gute Ausbildung, die Erfahrung der Therapeutinnen und Therapeuten oder die Wahl der passenden therapeutischen Methode sind unbestritten das Fundament einer professionell ausgeführten Psychotherapie, aber ohne die gute Beziehung zwischen der Therapeutin, dem Therapeuten und der Klientin, dem Klienten verlaufen viele Therapien im Sand oder hinterlassen Enttäuschungen und Erfahrungen des Scheiterns.

Was macht eine gute Beziehung in der Therapie aus? Die Menschen, die in der Therapie Hilfe suchen, wünschen sich Wärme, Vertrauen und das Gefühl von Wertschätzung. Besonders aber wünschen sie sich Zuversicht – eine Therapie macht nur Sinn, wenn sie eine Hoffnung auf Besserung verspricht und wenn der Therapeut, die Therapeutin diese Hoffnung nicht aufgibt, auch wenn Rückschläge oder Probleme auftreten. Eine gute Beziehung in der Therapie muss tragfähig sein, auch wenn es einmal schwirig wird. Eine gute Beziehung ist kein Selbstzweck, kein Wellnessort, keine gemütliche Angelegenheit, kein oberflächlicher Austausch von Sympathiefloskeln. Sie zeichnet sich nicht dadurch aus, dass die schwierigen Themen ausgelassen werden, die Krise kleingeredet wird, die Worte leer bleiben, die Verantwortung auf andere geschoben wird. Sie soll aufrichtig sein, verlässlich, etwas aushalten, freundlich sein. Eine gute Beziehung ist essentiell, wenn die Therapie helfen soll.

Dennoch scheint auch heute die Arbeit an einer guten Beziehung in vielen Therapieformen eher technischer Natur zu sein. Was macht einen guten Therapeuten aus? fragt ein Beitrag in der Süddeutschen Zeitung im März 2019 (Süddeutsche Zeitung 2019) und empfiehlt den Therapeutinnen und Therapeuten und ihren Klientinnen und Klienten den Einsatz eines Dokumentationssystems, in dem Ziele und Fortschritte von Sitzung zu Sitzung festgehalten und überprüft werden. „Einen solchen Ansatz", so heißt es dort, „bietet etwa der Fragebogen OQ-45 – eine Art Alarmsystem für Therapeuten. Sitzung für Sitzung wird der Fortschritt kontrolliert, etwa muss der Patient einen Fragebogen zu Depressions-Symptomen ausfüllen, und der Therapeut kann so erkennen, ob er auf der angestrebten Linie liegt. Eine Ampel im System zeigt an, ob alles nach Plan verläuft (grün) oder ob es zu große Rückschritte gibt (rot)" (Süddeutsche Zeitung 2019). Die Beziehung mag wichtig sein, aber sie wird dem messbaren Fortschritt der Therapie zugeteilt, sie wird selbst zum Planungsinstrument, sie wird der Nützlichkeit zugeordnet. Die Beziehung in der Therapie ist in dieser Sichtweise dazu da, die gesetzten Ziele zu erreichen, die Wirksamkeit zu erhöhen.

Aber wird diese Form des Austausches von Fragebögen dem gerecht, was in der helfenden Begegnung zwischen zwei Menschen geschieht? Wie aufrichtig, wie freundlich, wie wahrhaftig kann eine Beziehung sein, die über Fragebögen kontrolliert wird? Reicht eine therapeutische Beziehung nicht weit über das hinaus, was Daten messen können? Was geschieht wirklich in einer Beziehung, was hilft uns auf eine Weise, dass wir das Leben besser ertragen, gestalten können, dass wir der Person, die in uns angelegt ist, ein wenig näherkommen?

Carl Rogers, einer der berühmten Begründer der Humanistischen Psychologie, hat der Beziehung in der Psychotherapie einen herausragenden Stellenwert zugeschrieben. Er hat dies mit seiner langjährigen Erfahrung als Lehrender und Psychotherapeut begründet. Jedem Versuch eines bloßen technischen Verständnisses der Therapie hat er eine radikale Absage erteilt. „Die Umstände haben mir nach und nach eingebläut, daß ich einem Menschen mittels irgendeinen intellektuellen Verfahrens oder Trainings nicht behilflich sein kann. Kein Ansatz, der sich auf Wissen, auf Training, auf die Annahme irgendeiner Lehre verläßt, kann von Nutzen sein. (...) Es ist möglich, einem Menschen eine Erklärung seiner selbst zu geben, Schritte zu verschreiben, die ihn vorwärts führen, ihm Kenntnisse über einen befriedigenderen Lebensmodus vermitteln müßten. Aber solche Methoden sind meiner Erfahrung nach nutz- und folgenlos. Das höchste, was sie erreichen können, ist eine temporäre Veränderung, die bald verschwindet und den Einzelnen überzeugter denn je von seiner Unfähigkeit zurückläßt." (Rogers 2016, S. 46).

Die Humanistische Psychologie ist entstanden als ein Gegenentwurf zum Menschenbild der Verhaltenspsychologie oder der Triebpsychologie. Der Mensch ist nicht passiv, er ist seinen Trieben und Instinkten, der

Mechanik von Reiz-Reaktionsketten oder der Biologie der neuronalen Schaltungen nicht hilflos ausgeliefert. Die Humanistische Psychologie stellt den Menschen als Ganzes in den Mittelpunkt. Sie richtet den Blick nicht auf eine isolierte Störung, sie denkt nicht von Krankheit und Abweichung von der Normalität aus. Der Mensch ist sich selbst bewusst, er kann Entscheidungen treffen, er ist für diese Entscheidungen verantwortlich. Er strebt nach Selbstverwirklichung, nach Selbsterkenntnis, nach Sinn, nach Werten, Kreativität, schöpferischer Kraft, erfülltem Zusammensein mit anderen Menschen. Die Entfaltung der ganzen Persönlichkeit ist das Ziel und zugleich der Kern des psychotherapeutischen Denkens der Humanistischen Psychologie.

Wie geschieht diese Entfaltung, dieses Wachstum der Persönlichkeit? Wie werden wir zu der Person, die wir heute sind, wie finden wir zu unserer Einzigartigkeit, unserer Art und Weise, das Leben zu gestalten, Beziehungen zu leben? *Erfahrung* ist der Schlüsselbegriff, auf dem unser Wachstum beruht. Carl Rogers legt alles Gewicht seines Denkens auf das Vertrauen in die Erfahrungen, die wir machen und aus denen wir lernen. Erst durch unsere Erfahrungen können wir uns entfalten, erst durch unsere Erfahrungen, mit uns, mit den Begegnungen mit der Welt, werden wir zu einer Person. Eindrucksvoll schildert Rogers in einem seiner bekanntesten Bücher *On becoming a Person* (Entwicklung der Persönlichkeit) seinen eigenen Weg der Entwicklung seiner Persönlichkeit, den Weg zu dem, was ihn zu der Person, die er jetzt ist, geführt hat (Rogers 2016). Dieser Weg geht nicht ohne schmerzhafte Erfahrungen, ohne Rückschläge und Tiefpunkte, aber Rogers versteht, dass alle diese Erfahrungen, die er in seinem Leben gemacht hat, die Möglichkeit eines Lernens bieten, das mehr Gewicht hat als das Lernen an den Universitäten, aus den Büchern, den Theorien. Die persönliche Erfahrung, so seine Schlussfolgerung, ist nie nur persönlich. Sie ist immer auch ein Schlüssel für das Allgemeine, weil in der Einzigartigkeit eines einzelnen Menschen sich zugleich die Einzigartigkeit des Menschen selbst zeigt.

Aber nicht allein die Erfahrungen mit den Dingen der Welt machen uns zu der Person, die wir sind. Es sind vor allem die Erfahrungen der Menschen miteinander, die unsere Personwerdung formen. Als wesentliche Quelle für unsere Entwicklung, für die Entfaltung der Persönlichkeit, für Veränderungen und Wege aus belasteten oder problembeladenen Lebenssituationen benennt Rogers die Erfahrung in einer Beziehung. Dies ist der Ausgangspunkt des psychotherapeutischen Denkens von Carl Rogers. Das Verhaltenstraining, die vielen therapeutischen Methoden, die Häufigkeit der Therapiestunden, die Medikamente, die Konzepte der Kliniken mögen helfen, aber sie brauchen, um wirkliche Veränderung zu bewirken, dafür den Rahmen einer *hilfreichen Beziehung,* die diese Wege aus der Krise unterstützt. Die hilfreiche Beziehung ist für Carl Rogers der Schlüssel zur heilenden Veränderung, der Ort, an dem sich die wirkliche Entwicklung der Person entfalten kann. Die hilfreiche Beziehung ist der Königsweg aus der Krise.

Was macht das Wesen einer hilfreichen Beziehung aus? „Mit diesem Begriff", so schreibt Rogers, „meine ich eine Beziehung, in der zumindest eine der Parteien die Absicht hat, beim anderen Entfaltung, Entwicklung, Heranreifung, besseres Agieren, ein verbessertes Fertigwerden mit dem Leben zu fördern." (Rogers 2016, S. 47). Diese weite Definition ist nicht allein der Welt der Psychotherapie oder der psychosozialen Beratung vorbehalten. Sie ist auf *alle* Formen der Begegnung zwischen Menschen anwendbar – es gibt sie ebenso im Alltag, in der Beziehung zwischen Müttern, Vätern und

Kindern, zwischen Lehrenden und Schülerinnen und Schülern, zwischen Führungskräften und Mitarbeitenden in Organisationen, zwischen Ärzten und Ärztinnen und ihren Patientinnen und Patienten, in Freundschaften, Arbeitsbeziehungen, Familien.

Was sind die Merkmale dieser hilfreichen Beziehung? Sie ist frei von Machtansprüchen oder Besserwissen. Sie wird geleitet vom ehrlichen Interesse an der anderen Person. *Ehrlichkeit* ist daher das erste Merkmal, das Rogers hervorhebt. „Ich habe herausgefunden", schreibt Rogers, „daß eine Beziehung umso hilfreicher sein wird, je ehrlicher ich mich verhalten kann" (Rogers 2016, S. 47). In einer Beziehung, in der die eine Partei dem anderen wirkliches und aufrichtiges Interesse entgegenbringt, gibt es keine Verstellungen, keine eingeübten Sätze, keine gleichbleibende Mimik, keine achtlosen Automatismen, keine eingespielten, endlos wiederholbaren Gesten. Eine hilfreiche Beziehung ist kein Schauspiel mit einstudierten Rollen. Sie setzt der Wirklichkeit keine Maske auf. Sie muss auch in den professionellen Beziehungen – für den Therapeuten, die Therapeutin, den Lehrer, die Lehrerin, den Arzt, die Ärztin – wirklich sein, um dem Anderen die Möglichkeit geben, das, was wirklich ist, in sich zu suchen.

Akzeptanz ist das zweite Merkmal der hilfreichen Beziehung. Viele unserer Beziehungen sind gefüllt mit Erwartungen, mit Urteilen, mit Vorbehalten, Vorschriften und falschen Versprechen. Oft genug passen wir uns an, um zu gefallen, Anerkennung zu bekommen. Wir fühlen uns in diesen Beziehungen fragil, unsicher, wir haben kein Vertrauen zu uns und zu der Verbindung mit unserem Gegenüber. Carl Rogers entwirft ein Gegenbild der Begegnung mit dem Anderen. Sein psychotherapeutisches Denken gründet auf dem Versprechen gegenüber dem Klienten, der Klientin, „als Mensch gemocht und geschätzt zu werden" (Rogers 2016, S. 47).

Erst diese Zuneigung und Wertschätzung öffnet einen sicheren Raum, in dem der Andere sich entfalten kann. Das ist nicht einfach in einer Welt der Erwartungen und Vorbilder. Denn die bedingungslose Wertschätzung gegenüber einem anderen Menschen muss auch die schillernden Seiten einer Person sehen und ertragen können. Akzeptanz bedeutet auch, so schreibt Rogers, „ein warmherziges Anerkennen dieses Individuums als Person von bedingungslosem Selbstwert – wertvoll, was auch immer seine Lage, sein Verhalten oder seine Gefühle sind." (Rogers 2016, S. 47).

Die hilfreiche Beziehung ist schließlich eine Beziehung des *Verstehens*. Um zu verstehen, ist Einfühlung, Empathie notwendig. In der hilfreichen Beziehung wohnt die Bereitschaft, die Welt mit den Augen des Anderen zu sehen. Erst wenn ich meine eigene kleine Welt verlasse und mich darauf einlasse, mich in die Welt des Anderen einzufühlen, ist Verstehen möglich. Dieses dritte Merkmal der hilfreichen Beziehung – das Verstehen – muss, um wahrhaft hilfreich zu sein, frei von moralischen Bewertungen sein. Die Suche nach dem Verstehen ist eine Form der Freiheit vom Urteil, die Rogers als eine wichtige Bedingung in der Psychotherapie benennt. „Dies meint auch noch eine völlige Freiheit von irgendeiner moralischen oder diagnostischen Bewertung, da solche Bewertungen, wie ich glaube, immer bedrohlich sind." (Rogers 2016, S. 69). In der hilfreichen Beziehung gibt es keine Bedrohung durch moralische Urteile, sondern vor allem anderen den Wunsch des Verstehens und den Wunsch nach Verständnis. Den Anderen zu verstehen bedeutet für Rogers nicht, alles zu erlauben oder wegzuschauen. Vielmehr ist Verstehen in einer Beziehung der Weg zur eigenen Verantwortung. „Je mehr ich also ein Verhältnis frei von Beurteilungen und Bewertungen halten kann, desto mehr erlaubt es dem anderen, zu dem Punkt zu gelangen, wo er erkennt, daß die Bewertungsinstanz, das Zentrum der Verantwortung, in ihm selbst liegt." (Rogers 2016, S. 69).

Wir leben und fühlen in Beziehungen. Der große Religionsphilosoph Martin Buber, auf den sich Carl Rogers immer wieder bezieht, hat die Gegenseitigkeit von Ich und Du als die *Voraussetzung* unseres Daseins beschrieben. Sie ist da, bevor wir als Einzelne da sind. Das Ich ist immer erst ein wirkliches Ich, wenn es sich in Beziehung zum Du erfährt. „Beziehung", so schreibt Martin Buber, „ist Gegenseitigkeit. Mein Du wirkt an mir, wie ich an ihm wirke." (Buber 1995, S. 16). Diese von Beginn an bestehende Gegenseitigkeit unseres Daseins ist ein Versprechen für das Leben. Selbst wenn wir uns allein und verlassen fühlen, leben wir in den Beziehungen, die in unserer Lebensgeschichte, unserem Körper, unserem Geist eingeprägt sind. Wir sind nie völlig allein, weil wir tief in unserem Inneren spüren – bewusst oder unbewusst – dass es in unserem Wesen liegt, beides zu sein – Ich und Du. In unserer inneren Geschichte gibt es von Beginn an ein Gegenüber, das uns als Person geprägt hat und weiter in uns wirkt.

Die hilfreiche Beziehung in der Psychotherapie ist nur eine Form, wie Beziehungen gestaltet, erlebt, geschehen können. Aber im Denken von Martin Buber und unter dem Vergrößerungsglas des Blicks von Carl Rogers wird diese hilfreiche Beziehung sichtbar als das Fundament, auf dem wir leben. Ich und Du sind nicht verbunden über einen Zweck, eine Technik, einen Wunsch, dem Anderen zu gefallen, sich zu verstellen, den Anderen zu bewerten. Beziehung als Zweck zu benutzen hält uns nicht zusammen, sondern verstärkt nur unsere Einsamkeit und das Gefühl, gescheitert zu sein. „Zwischen Ich und Du besteht kein Zweck", schreibt Martin Buber, „keine Gier, keine Vorwegnahme (...) Alles Mittel ist Hindernis. Nur wo alles Mittel zerfallen ist, geschieht die Begegnung."

(Buber 1995, S. 12). Die hilfreiche Beziehung ist wahrhaftig. Sie kommt ohne die Distanz der Erwartungen, ohne das Streben nach Anerkennung, nach Befriedigung der eigenen Bedürfnisse aus. Die hilfreiche Beziehung sieht den Anderen, wie er ist, nicht, wie er sein soll. Diese Wahrhaftigkeit hält uns Menschen zusammen.

Menschen bewegen sich vorwärts. „Meine Erfahrung hat mich nach und nach gelehrt", so schreibt Rogers in seinem Buch *Entwicklung der Persönlichkeit,* „daß das Individuum in sich die latente, wenn nicht offene Fähigkeit hat, sich vorwärts auf psychische Reife hin zu entwickeln. ... Ob man diese Tendenz zur Entfaltung, einen Drang zur Selbstaktualisierung, oder eine sich vorwärtsentwickelnde Gerichtetheit nennt, es handelt sich um die Haupttriebfeder des Lebens... Diese Tendenz kann tief unter Schichten von verkrusteten psychischen Abwehrmechanismen begraben sein; sie kann hinter kunstvollen Fassaden, die ihre Existenz leugnen, versteckt sein; aber es ist meine Überzeugung, daß sie in jedem Einzelnen existiert und nur auf die richtigen Bedingungen wartet, um sich freizusetzen und auszudrücken." (Rogers 2016, S. 49).

Die Psychotherapie ist, wenn sie sich nicht allein als Methode, sondern als hilfreiche Beziehung versteht, ein Weg, diese Selbstaktualisierungstendenz des Menschen aus den Schichten des psychischen Stillstandes zu lösen, den die Wut, die Angst oder die Verzweiflung bewirken. Aber die Zuversicht der persönlichen Entfaltung, die Carl Rogers beschreibt, braucht ein Gegenüber, sie braucht das Du. Mein Ich wird nur zum Ich durch das Du. Und weil dies der Grund unseres Lebens ist, braucht diese Beziehung keine Überhöhung, keine großen Worte, keine Theatralik, kein Getöse, keinen Kult. Sie braucht nicht einmal einen therapeutischen Rahmen. Dies ist die Weisheit, die das Denken von Carl Rogers und Martin Buber für uns bereithält. Jede Begegnung mit dem Anderen, die uns eine noch so kleine Form der Wertschätzung entgegenbringt, jede Freundlichkeit, die wir in unseren Beziehungen erfahren haben und weiter erfahren werden, jedes Verständnis, das wir in der Not oder der Freude finden, ist eine Botschaft. Die Welt ist zwiefältig, der Raum, der uns umgibt, ist offen, denn es gibt immer, immer ein Du, das in eine hilfreiche Beziehung mit mir eingetreten ist oder eintreten wird.

Wie aber können wir dieses Du finden, wenn wir uns in der Krise völlig verlassen finden? Was nützt uns das Wissen um die hilfreiche Beziehung, wenn sie uns in der tiefsten Not verschlossen zu bleiben scheint? Die Antwort Martin Bubers lautet: es gibt immer ein Du, auch wenn wir es noch nicht erkennen mögen. Die Begegnung in und mit der Natur, die feinen Begegnungen mit den „geistigen Wesenheiten", wie Buber sie nennt, die auf die schöpferische Kraft des Menschen verweisen, die Kunst, die Literatur, die Formen des Denkens, die Musik in allen ihren Färbungen, die flüchtig erscheinenden freundlichen Gespräche mit einem anderen Menschen, die wenigen Zeilen eines Gedichtes oder eines Buches sind die Räume, in denen uns das Du begegnet. Wir können es spüren, es ist in uns.

Der Schriftsteller Matt Haig hat seinen Depressionen und Panikattacken, an denen er seit vielen Jahren leidet, ein Buch gewidmet. *Ziemlich gute Gründe, am Leben zu bleiben* schildert nicht allein die Geschichte seiner Krankheit, sondern ist zugleich ein Buch voller Mitgefühl für das Leben, die Menschen, die Welt, in der wir leben und mit der wir jede Sekunde, jede Minute, jede Stunde, jeden Tag zurechtkommen. Das kann, so fühlt es sich gerade in Krisenzeiten für uns an, ein einsames Geschäft sein, als würde wir gänzlich verlassen im letzten Winkel der Erde, klein und schwach mit dem nackten Überleben gegen die

Übermacht der Weltkugel kämpfen. Aber dieses Bild der inneren Verlassenheit ist eine Täuschung, denn es zeigt uns nur einen Teil dessen, wer wir sind. „An meinen Tiefpunkten", so schreibt Matt Haig am Ende seines schönen Buches, „stieß ich auf etwas Festes, Hartes und Starkes in meinem Inneren. Auf etwas Unvergängliches, das immun gegen die Wechselhaftigkeit der Gedanken und Gefühle war. Das Selbst, das nicht nur *ich* ist, sondern *wir*. Das Selbst, das mich mit dir verbindet, das jeden Menschen mit jedem Menschen verbindet. Die harte, unverwüstliche Überlebenskraft. Die Kraft des Lebens. Die Kraft der 150 000 Generationen vor uns und derer, die noch kommen werden. Die Essenz des Menschen. …Ich bin du, und du bist ich." (Haig 2016, S. 285).

Jede wertschätzende Begegnung von Ich und Du, von unserem Selbst mit dem Du der Welt, in der Wirklichkeit der Außenwelt, in unserem Inneren, im freundlichen Dialog mit uns selbst, den Matt Haig hier für uns anstimmt, hat ihren therapeutischen, ihren heilenden Wert. Sie schiebt uns ein wenig vorwärts, sie berührt unsere Seele, sie zeigt uns, wer wir sind. Denn im freundlichen Dialog mit dem inneren Du können wir die Botschaft der hilfreichen Beziehung hören. Sie bedeutet: Du bist nicht allein, Ich bin da.

Literatur

Buber, Martin (1995). Ich und Du. Reclam Universal Bibliothek.
Haig, Matt (2016). Ziemlich gute Gründe, am Leben zu bleiben. dtv.
Rogers, Carl R. (2016). Entwicklung der Persönlichkeit. Psychotherapie aus der Sicht eines Therapeuten (16. Aufl.). Klett-Cotta.

Was einen guten Therapeuten ausmacht. Süddeutsche Zeitung, 27. 03. 2019. https://www.sueddeutsche.de/gesundheit/psychotherapie-psychologie-wissen-1.4379564. Aufruf 11. Mai 2022.

Denken verändert die Welt

Das Gefühl der eigenen Wertlosigkeit gehört zu den Kernthemen, warum Menschen in der Psychotherapie Hilfe suchen. Die Überzeugung, nichts wert zu sein, begleitet fast alle Formen von Lebenskrisen, sie erreicht die Menschen in diesen schweren Zeiten früher oder später, und wenn sie da ist, fehlt nicht viel zu Angst und Verzweiflung. Die Bewältigung der eigentlichen Auslöser der Krise – eine Trennung, Probleme oder der Verlust des Arbeitsplatzes, Probleme oder akute Konflikte in der Familie – scheint unter dem Gefühl der Wertlosigkeit noch aussichtsloser. Wenn ich mir selbst nichts mehr wert bin, wenn ich immer mehr zu der Überzeugung komme, an all dem, was mir widerfährt, selbst schuld zu sein, wie soll ich dann aus dieser Krise wieder herauskommen?

Der eigene Selbstwert ist eine Frage des Gleichgewichts – zu viel führt in die Selbstüberschätzung und in die grandiose Einsamkeit, zu wenig faltet unser Ich zusammen, es wird hauchdünn und schmal, wir finden keinen Halt mehr in uns. Der eigene Selbstwert ist aber auch eine Frage der Balance unserer Beziehungen – wie sehr brauchen wir die Anderen, um uns bestätigt zu fühlen, wie sehr ziehen wir uns zurück, weil wir das Urteil der Anderen fürchten? Wie kommen wir in der Mitte an, in der wir einen realistischen Bezug zu uns selbst finden, in der wir uns achten, ohne die Menschen, mit denen wir leben, mit denen wir zusammenarbeiten, von uns zu stoßen oder als permanenten Selbstbestätigungsobjekte zu missbrauchen?

Unser Selbstwert und unsere Selbstachtung sind eng verbunden mit unserer Gedankenwelt. Unsere Gefühle können wir nicht immer erreichen, vieles davon ist unbewusst und verborgen, auf den unzugänglichen Landschaften der Seele. Aber wir können unsere Gedanken erreichen – sie sind uns zugänglich und bewusst, wir können sie in Worte fassen, aufschreiben wie in einem Tagebuch, einem Brief, einem Aufsatz, einer Liste. Wir machen uns Gedanken über unsere Mitmenschen, über die Arbeit, über unsere Beziehungen, über unsere Bedürfnisse, über die Welt und uns selbst. Aber unsere Gedanken sind nicht die Wirklichkeit selbst. Diese Unterscheidung ist wesentlich. Sie bildet das Grundgerüst jedes psychotherapeutischen Denkens. Unsere Gedanken können ein und dasselbe Geschehen – eine schlechte Note in der Schule, eine Bemerkung einer Arbeitskollegin, ein zufälliges Ereignis wie etwa ein plötzlicher Regenguss auf dem Weg zur Arbeit - unterschiedlich interpretieren. Manchmal ist die schlechte Note nur ein kleiner Kieselstein auf der Straße zum nächsten Erfolg, manchmal kann sie uns förmlich vernichten – dann ist die schlechte Note in unseren Gedanken eine Bestätigung dafür, dass wir immer ungerecht behandelt werden, oder dass wir nichts können und uns nichts gelingt. Manchmal ist der Regenguss eine Laune der Natur, aber er kann auch ein Zeichen dafür sein, dass wir immer, immer vom Pech verfolgt sind.

Wir können richtige oder falsche Annahmen über die Wirklichkeit formen. Diese Annahmen können verschlungene Wege gehen, weil uns wesentliche Informationen fehlen, die sich nach und nach einstellen, sie können aber auch gänzlich falsch sein, weil wir diese Annahmen nicht mit der Wirklichkeit überprüfen. Unsere Gedanken sind unsere innere Kommunikation mit uns selbst. Sie sind eine eigene Wirklichkeit, die mit der äußeren Wirklichkeit nicht immer übereinstimmt und sie in unserem inneren Bild sogar so verzerren kann, dass wir an unserer inneren Kommunikation selbst zu leiden beginnen.

Aaron Beck, einer der bedeutendsten Psychiater und Psychotherapeuten des 20. Jahrhunderts, hat den Gedanken der Menschen, die unter emotionalem Stress, unter Angst und Depressionen litten, eine neue und wegweisende Aufmerksamkeit geschenkt. Sein Ansatz einer Psychotherapie, die er „Kognitive Psychotherapie" nennt, wendet sich den uns bewusst zugänglichen Gedanken zu und arbeitet mit dieser inneren Kommunikation. Wenn wir uns die Gedanken, die wir über uns, unsere Ängste, unsere Selbstachtung machen, bewusst machen, können wir sie nicht nur erkennen. Wir können lernen, sie zu ändern.

Der Weg zu unseren Gedanken ist nicht immer leicht. Viele unserer Gedanken erfolgen so schnell und selbstverständlich, dass wir den Mechanismus, der ihnen zugrunde liegt, kaum erfassen können. Aaron Beck nennt sie daher auch „automatic thoughts", automatische Gedanken, sie haben sich in unserer inneren Gedankenwelt so eingenistet, dass sie uns wie ein Teil unseres Selbst erscheinen, der unauflösbar mit ihm verschmolzen ist. Um diese Automatik zu durchbrechen, bedarf es einer aufmerksamen Introspektion, einer Innenschau, einer inneren einfühlsamen Zuwendung zu unserer Gedankenwelt. Aaron Beck war ein Pionier dieser Introspektion. Das Rüstzeug dazu hatte er in seiner Ausbildung und Arbeit als Psychoanalytiker erworben, die die innere Gefühlswelt der Menschen in den Mittelpunkt des therapeutischen Handelns stellt. Aber er hat seine Aufmerksamkeit nicht allein auf die Gefühle und ihre Äußerungen, sondern auf die damit verbundenen Gedanken gerichtet.

Ein Schlüsselerlebnis, das Aaron Beck als Therapeut mit einem Patienten erlebt hat, bahnt den Weg in die neue Form seines Therapiekonzeptes. Der Patient, so berichtet Beck, hatte ihn in einer Therapiesitzung „ziemlich heftig kritisiert" und später über seine starken Schuldgefühle ihm gegenüber berichtet. Dem psychoanalytisch geschulten Therapeuten erschien dies zunächst einfach zu erklären – die Feindseligkeit gegenüber einem Menschen, von dem man sich Anerkennung erwartet und von dem man sich abhängig fühlt, führt unmittelbar zu Schuldgefühlen. „Aber dann teilte mir der Patient mit, daß er ständig selbstkritische Gedanken gehabt habe, während er ärgerlich Kritik an mir übte. Er beschrieb zwei verschiedene Gedankenströme, die etwa gleichzeitig auftraten: Die eine Strömung hatte mit seiner Feindseligkeit und der Kritik zu tun (…), die andere hatte er nicht mitgeteilt. Er berichtete mir auch den zweite Gedankengang: „ich habe etwas Falsches gesagt…ich hätte das nicht sagen sollen … es ist nicht recht von mir, ihn zu kritisieren ….ich bin schlecht… er wird mich nicht mögen ….ich bin schlecht … ich habe keine Entschuldigung dafür, daß ich so schlecht bin." (Beck 1979, S. 30). Zwischen der Feindseligkeit und den Schuldgefühlen gibt es ein Drittes, das sich zwischen diesen beiden Polen einschaltet – die selbstkritischen Gedanken des Patienten, die er jetzt, in der Sicherheit und dem Vertrauen der therapeutischen Beziehung, äußern kann. Dies ist, in aller Einfachheit, die Erfindung der Kognitiven Therapie.

Unser Selbstwert ist ein Gebilde von Gedankenketten. Diese Gedankenketten folgen bestimmten Mustern, Denkmustern, die unsere Gefühle der Selbstachtung und des Selbstwertes entscheidend steuern. Wie sehen diese Muster aus? Welche Gedankenmuster über uns selbst kennen wir? Nach welchen Grundsätzen, nach denen wir diese Gedankenketten ordnen, leben wir?

„Ich sollte" gehört, so Beck, zu den am meisten verbreiteten Grundsätzen, mit denen wir an uns selbst Anforderungen stellen. In seinem Buch *Wahrnehmung der Wirklichkeit und Neurose* von 1979 findet sich eine Liste solcher „Ich sollte-Sätze", die uns auch heute noch bekannt vorkommen können.

1. „ Ich sollte in höchstem Maß großzügig, rücksichtsvoll, nobel, mutig und selbstlos sein.
2. Ich sollte ein vollkommener Liebhaber, Freund, Vater, (Mutter), Lehrer, Schüler, Partner sein.
3. Ich sollte jede Strapaze gelassen ertragen können.
4. Ich sollte für jedes Problem eine rasche Lösung finden können.
5. Ich sollte nie gekränkt sein: ich sollte immer glücklich und gelassen sein.
6. Ich sollte alles wissen, verstehen und voraussehen.
7. Ich sollte immer spontan sein; ich sollte meine Gefühle immer beherrschen.
8. Ich sollte mich durchsetzen; ich sollte nie jemand anderen verletzen.
9. Ich sollte nie müde oder krank werden.
10. Ich sollte immer ein Höchstmaß an Tüchtigkeit beweisen." (Beck 1979, S. 214).

Die späten siebziger Jahre des letzten Jahrhunderts waren in der westlichen Gesellschaft die Jahre des sozialen Aufstiegs. Dieser Aufstieg verlangte von den Menschen den psychischen Willen zum Erfolg und physische Gesundheit und Attraktivität, er verlangte Durchsetzungsfähigkeit und zugleich die Fähigkeit zur sozialen Anpassung. Wer in diesem Wettbewerb des sozialen Erfolgs nicht mitkam oder nicht mitgemacht hat, konnte schnell die Erfahrung sozialer Ausgrenzung oder gar Ausstoßung machen. Jeder Widerstand oder Zweifel wurde in die Rebellion gezwungen, die mit allen Mitteln der Leistungsgesellschaft unterdrückt oder verfolgt werden musste. In dieser Konstellation wurzeln die Ängste und die Widersprüche der modernen Menschen. Sie sind in der Liste dieser „Ich sollte" Sätze abgebildet. Ihnen zu entkommen, schien unmöglich. Wie Ketten haben sie sich um die Psyche der Menschen dieser Zeit gelegt und hinterlassen auch heute noch überall dort, wo der soziale Aufstieg und die unbedingte persönliche Leistung das Menschenbild definieren, ihre inneren Abdrücke.

Die Vorstellung, ein perfekter Mensch zu sein, eine perfekte Frau, ein perfekter Mann, ein perfektes Kind, die zugleich liebevoll, spontan, unverwundbar und permanent leistungsfähig sind, führt, so schreibt Aaron Beck, die Menschen in die innere Sklaverei. Wir werden zu unseren inneren Kontrolleuren. Unser Selbstwert wird zum Sklaven unserer Gedanken. Sie wirken wie „Selbstkommandos", die uns unweigerlich ins Unglück führen, wenn sie sich immer mehr in unseren inneren fundamentalen Einstellungen zu uns und unserem inneren Wert ausbreiten. Aaron Beck nennt diesen Prozess der Ausbreitung „Generalisieren" – aus einem einzigen, oft zufälligen Ereignis ziehen wir Schlussfolgerungen, die unser gesamtes Selbst infrage stellen. „Wenn ich nicht der Beste bin, bin ich ein Versager", „Wenn ich einen Fehler mache, bedeutet das, daß ich unfähig bin", Wenn jemand anderer Meinung ist als ich, bedeutet das, daß er mich nicht mag", „Um glücklich zu sein, muß ich immer von allen Menschen akzeptiert (geliebt, bewundert) werden", „Es ist wunderbar, beliebt, berühmt, reich zu sein; es ist schrecklich, unbeliebt oder mittelmäßig zu sein" (Beck 1979, S. 213).

Fast greifbar ist in diesen Sätzen der subtile Dauerstress des modernen Menschen zu fassen, den diese Gedankenketten auslösen. Unentwegt lauert die lautlose Bedrohung des Ichs durch eine Kränkung, das Beben, das das fragile Gebäude des Selbstbildes ins Wanken zu bringen vermag. Aus diesen Sätzen heraus werden die Ängste und die Depressionen vieler Menschen gebaut, sie führen, wenn sie nicht durchbrochen werden, an die Grenze zum physischen und psychischen Zusammenbruch. Denn wer, so schreibt Aaron Beck, wird schon „ununterbrochen von allen Menschen hundertprozentig geliebt?" (Beck 1979, S. 213).

Wie können Menschen, die sich in dieser verhängnisvollen Gedankenwelt, in dieser Kette beständiger Imperative, die sie sich selbst auferlegen, in der Welt bestehen?

Die Hilfe kommt aus der Wirklichkeit. Sie ist die Quelle, die den Menschen dabei hilft, ihre Gedanken zu verstehen und zu verändern. Die Prinzipien der Kognitiven Therapie beruhen im Kern darauf, die Gedankenketten zu erforschen und sie mit der Wirklichkeit abzugleichen. Die therapeutische Hilfe zeigt den Weg, „dem Patienten alternative Grundsätze zu bedenken zu geben" (Beck 1979, S. 214). In der Psychotherapie, wie sie Aaron Beck entwirft, geht es nicht darum, einen neuen Menschen zu erschaffen, der nur Großartiges über sich denkt. Es geht auch nicht darum, die Wirklichkeit über eine Umpolung der Gedanken schön zu reden. Es geht vielmehr darum, die bestehenden Gedanken gemeinsam mit den Patientinnen und Patienten zu prüfen. Die Wirklichkeit ist anders als unser Denken. Sie ist nie absolut. Sie ist nie perfekt, nie maßlos. Sie ist eher langweilig, unspektakulär, sie besteht aus viel mehr Zeit, als wir denken, der größte Teil der Wirklichkeit ist Alltag, Gleichmaß, leises Leben. Und selbst dann, wenn etwas Schreckliches oder Großartiges in der Wirklichkeit geschieht, formen wir aus unseren Gedanken eine eigene innere Welt, die nie ganz mit der äußeren Wirklichkeit übereinstimmt. Wenn wir dies erkannt haben, können wir unsere Gedanken ein wenig gelassener betrachten. Wir können in dieser Wirklichkeit auch mit gemäßigteren Grundsätzen zurechtkommen. Selbst in der heutigen Form der Leistungsgesellschaft ist ein Fehler kein Unfähigkeitsbeweis, sondern vielleicht nicht einmal ein Fehler. Eine Meinungsverschiedenheit in der Freundschaft bedeutet nicht die Aufkündigung der Sympathie, und selbst das Mittelmaß verliert seinen Schrecken, wenn wir erkennen, dass unsere Vorstellung vom Mittelmaß ebenso gut ein Konzept der Lebenszufriedenheit sein könnte.

Aaron Becks Entwurf einer Kognitiven Therapie gehört heute zum festen Kanon psychotherapeutischer Methoden. Ihr Ansatz, die Gedanken über die Introspektion zu erkunden, sie auszusprechen, sie in der Wirklichkeit zu überprüfen und damit verändern zu können, hat in der Nachfolge mehr und mehr auch den Bereich des psychotherapeutischen Denkens verlassen und ist zu einer festen Säule der Sozialpsychologie, der Politik, der Diplomatie und der Wirtschaftswissenschaft geworden. Fast alle Bereiche des menschlichen Lebens und des Zusammenlebens haben ihre eigene Psychologie der Gedanken, fast alle Bereiche des menschlichen Lebens sind bestimmt von der Frage, was wir uns unter bestimmten Bedingungen wert sind, wovon wir uns Erfolg versprechen, woran wir scheitern könnten. Die Fesseln des „Ich sollte" gelten auch heute noch überall dort, wo die Psychologie der Gedanken und die Anforderungen an erfolgreiches Handeln eng miteinander verbunden sind.

Die „Geschichte mit dem Hammer" gehört zu den berühmtesten Geschichten über die modernen Fesseln unserer inneren Kommunikation. Der österreichische Kommunikationswissenschaftler und Psychotherapeut Paul Watzlawick erzählt sie in seinem wohl erfolgreichsten Buch *Anleitung zum Unglücklichsein,* das 1983 erschienen ist und lange auf den internationalen Bestsellerlisten stand. Seine „Anleitung zum Unglücklichsein", die der Mann im Versuch, ein Bild aufzuhängen befolgt, ist in das Alltagswissen eingegangen, bewusst oder unbewusst haben wir davon gehört, gelesen, erzählt bekommen.

> „Ein Mann will ein Bild aufhängen. Den Nagel hat er, nicht aber den Hammer. Der Nachbar hat einen. Also beschließt unser Mann, hinüberzugehen und ihn auszuborgen. Doch da kommen ihm Zweifel: Was, wenn der Nachbar mir den Hammer nicht leihen will? Gestern schon grüßte er mich nur so flüchtig. Vielleicht war er in Eile. Aber vielleicht war die Eile nur vorgeschützt, und er hat etwas gegen mich. Und was? Ich habe ihm nichts angetan; der bildet sich da etwas ein. Wenn jemand von mir ein Werkzeug borgen wollte, ich gäbe es ihm sofort. Und warum er nicht? Wie kann man einem Mitmenschen einen so einfachen Gefallen abschlagen? Leute wie dieser Kerl vergiften einem das Leben. Und dann bildet er sich noch ein, ich sei auf ihn angewiesen. Bloß weil er einen Hammer hat. Jetzt reicht's mir wirklich. – Und so stürmt er hinüber, läutet, der Nachbar öffnet, doch noch bevor er „Guten Tag" sagen kann, schreit ihn unser Mann an: „Behalten Sie Ihren Hammer, Sie Rüpel!" (Watzlawick 1983, S. 35 f.).

Gut, dass wir über diese Geschichte lachen können. Denn eigentlich ist das, was Paul Watzlawick hier so humorvoll wiedergibt, nichts anderes als ein tägliches inneres Drama, das sich in unserer Gedankenwelt so abspielen könnte – wir erkennen uns gut darin wieder, wie wir uns innerlich immer mehr hineinsteigern, uns immer weiter verstricken, wie wir aus Furcht vor der Zurückweisung selbst in Wut geraten. Am Ende dieser Kette eines inneren Dramas steht ein Verhalten, das den Anderen dort draußen, außerhalb unserer Köpfe, Rätsel aufgibt, es lässt sie nicht einmal zu Wort kommen, um nachzufragen, was es mit der Wut des Anderen auf sich hat.

Mit unseren Gedanken können wir die Welt verändern. Wir können sie ins Feindselige verkehren, sie mit Blumen schmücken, wir können uns darin großartig fühlen, an ihr verzweifeln. Mit unseren Gedanken können wir Probleme erzeugen – was, wenn der Nachbar uns den Hammer nicht gibt? Wir können uns selbst in die Isolation des Misstrauens gegenüber allen Menschen oder gar der Welt schicken oder in ein Unglück des Grübelns, das ewig dauert. Wir können die Welt ins Gegenteil verkehren. Paul Watzlawick hat uns diese Verkehrung deutlich vor Augen geführt. In seinem Kapitel „Wer mich liebt, mit dem stimmt etwas nicht" zeigt er uns, wie wir mit eigenen Mitteln alles, was uns an Zuwendung geschieht, dem strengen Urteil unseres Selbstwertes unterwerfen. „Nehmen Sie nicht einfach dankbar hin, was Ihnen das Leben durch Ihren (offensichtlich selbst liebenswerten) Partner bietet. Grübeln Sie. Fragen Sie sich, aber nicht ihn, warum. Denn er muß ja irgendeinen Hintergedanken haben. Und den enthüllt er Ihnen bestimmt nicht." (Watzlawick 1983, S. 98).

Der „Macht des negativen Denkens" sind, so das Fazit von Watzlawick, „kaum Schranken gesetzt" (Watzlawick 1983, S. 106). Grübeln und Generalisieren sind die Merkmale dieses Denkens. Sie bilden ein Muster, in immer gleichen Bahnen ziehen die Gedankenketten durch unser Gehirn und können sich verfestigen, wenn wir diesem Muster kein Ende setzen.

Aaron Beck und Paul Watzlawick zeigen uns einen Weg, diese Muster des negativen Denkens über uns selbst und die Welt, in der wir leben, zu durchbrechen. Dieser Weg führt uns nicht aus der Leistungsgesellschaft. Er ist nicht utopisch – Beck und Watzlawick liegt es fern, ein Gegenbild für eine bessere Welt zu entwerfen. Sie machen die Wirklichkeit nicht schöner, aber auch nicht schlimmer, als sie ist. Vieles ist nicht zu ändern – die Lücke nach einem schweren Verlust bleibt, eine Trennung tut weh, eine verächtliche Behandlung am Arbeitsplatz hinterlässt ihre Spuren, der Druck der Arbeitswelt, der Imperativ zum Erfolg ist vorerst nicht aus der Welt zu schaffen. Soziale Ungerechtigkeit und die kalte Grausamkeit, die vielen Institutionen und Systemen der heutigen Welt immer noch innewohnt, sind Teil der Wirklichkeit. Das alles existiert nicht allein in unseren Köpfen. Aber die Vor-Denker der Kognitiven Therapie helfen uns dabei, das zu ändern, was wir selbst ändern können. Wir können unsere schlechten Gedanken, die wir uns über uns selbst machen, ändern.

Wir müssen unseren eigenen Wert nicht bis tief hinein in unsere Seele von dieser Welt bestimmen lassen. Wir können uns die inneren Grundsätze und Gedankenketten, die diese Welt der Leistungsgesellschaft in uns erzeugt hat, bewusst machen und sie prüfen. Diese Grundsätze erzählen uns etwas über die Architektur, die Textur unserer Selbsteinschätzung – wer wir in dieser Wirklichkeit sein wollen, wie wir in unserem Denken unseren Wert bestimmen, indem wir ihn von anderen abhängig machen. Unsere tiefe Verzweiflung, unsere Hoffnungslosigkeit und unsere oft maßlose und fragile Sucht nach Anerkennung sind in unserem Denken verankert. Aaron Beck und Paul Watzlawick bieten uns an, dass es Alternativen gibt, andere Grundsätze, mit denen wir unser Denken verändern können. Wir können mit ihrer Hilfe ein wenig realistischer werden, ein wenig mehr Mäßigung gegenüber uns selbst üben, ein wenig mehr Abstand gewinnen von unseren Gedanken der eigenen Wertlosigkeit, weil wir erkennen, dass es nur unsere Gedanken sind, nicht unser eigenes Selbst.

Die Befreiung aus dem Gefühl der Wertlosigkeit liegt nicht im anderen Extrem. Denn das Gefühl der Großartigkeit ist nur das andere Ende der Gedankenketten, eine fragile Angelegenheit, sie kann im nächsten Augenblick verschwinden, dazu braucht es oft nur ein zufälliges Ereignis. Die Befreiung aus dem Gefühl der Wertlosigkeit liegt in der ruhigen Prüfung der Realität, der wir unsere Gedanken unterziehen. Vielleicht endet dieser Prozess der Realitätsprüfung in der Erkenntnis, dass wir Mittelmaß sind. Das ist nicht leicht zu ertragen in dieser Welt des Erfolgs und der Furcht vor dem Scheitern. Aber die Deeskalation unserer Gedankenketten zur Mitte ist eine maßvolle Hilfe, bescheiden genug, um uns im Alltag weiterzuhelfen und uns so, wie wir sind, immer wieder aufs Neue zu schätzen.

Nichts ist schwerer zu ertragen wie ein paar Tage Glück, schreibt Paul Watzlawick. Das ist die Weisheit der Therapie des Denkens. Das Glück ist in der Mitte, dort ist es friedlich, es ist im Gleichgewicht, und es kommt gut ohne inneres Drama aus.

Literatur

Beck, Aaron T. (1979). Wahrnehmung der Wirklichkeit und Neurose. Kognitive Psychotherapie emotionaler Störungen. Pfeiffer.

Watzlawick, Paul (1983). Anleitung zum Unglücklichsein. Piper.

Meine reiche innere Welt

Zu dem Bild, das wir von Psychotherapie haben, gehört die Vorstellung, dass sie sich mit seelischen Problemen, Belastungen, den inneren Schmerzen und in der extremen Form mit psychischen Defekten und Krankheiten beschäftigt. Das normale Leben, so scheint es, ist dabei ausgeklammert, der Alltag, die täglichen Wiederholungen, Abläufe und Rituale erscheinen als eine Zeit, die mit dem besonderen Geschehen in der Psychotherapie nur wenig zu tun hat. Das Normale, so meinen wir, sei in der Psychotherapie kaum bemerkenswert, das Abweichende, das „Etwas stimmt nicht", sei der Kern der psychotherapeutischen Tätigkeit.

Jede Form der Psychotherapie richtet sich in ihrem Denken und Tun an einem Ziel aus, das außerhalb des subjektiven Leidens oder der Probleme der Rat- und Hilfesuchenden liegt. Ein Weg soll gefunden werden, der heraus aus dem Druck der Probleme oder der Krise führt und wieder in ein Leben findet, das lebenswert ist.

Was aber ist ein lebenswertes Leben? Ein stilles Leben, ein abenteuerliches Leben, ein sicheres Leben, das Leben, das wir uns immer gewünscht haben, mit allen Zeichen des Erfolges, ein zufriedenes Leben, ein langes Leben? Ohne die Vorstellung von einer Form der psychischen Gesundheit, so wird es uns spätestens in einer Lebenskrise bewusst, kommen wir nicht aus, und ohne ein Konzept von einem lebenswerten Leben hat keine Theorie der Psychotherapie Bestand, wenn sie sich am Gelingen messen lassen will.

Der Psychiater und Psychoanalytiker Otto Kernberg ist berühmt geworden durch seine Beschäftigung mit einer der schwersten psychischen Störungen, die das diagnostische Inventar der Psychiatrie und Psychopathologie kennt. Die *Borderline Störung* gehört zur Gruppe der Persönlichkeitsstörungen, der in den internationalen Verzeichnissen der psychologischen Diagnostik ein umfangreicher eigener Abschnitt gewidmet ist. Die Menschen, die darunter leiden, leben, so etwa die Beschreibung im amerikanischen Klassifikationssystem für psychische Störungen, dem *Diagnostic and Statistic Manual of Mental Disorders* (DSM), in einem Grenzland der Gefühle (DSM-5, Falkai, Wittchen 2015, S. 908 f.). Sie schwanken zwischen extremer Wut und völliger Hingabe, zwischen Großartigkeitsgefühlen und extremer Selbstentwertung. Chronische Leere und intensive Ängste vor dem Verlassenwerden werden verdeckt von Impulsivität und Zorn, kleine Kränkungen führen ohne den inneren Umweg der prüfenden Reflexion zu Selbstverletzungen. Wiederholte Suizidversuche und zahllose Beziehungsabbrüche bilden das Muster dieser Störung. Die Borderline Störung ist eine Extremdiagnose, die mit Vorsicht angewendet werden muss. Sie wird besonders bei Jugendlichen und jungen Erwachsene gestellt, die Ausläufer der Störung begleiten die jungen Menschen aber noch lange Zeit in das Erwachsenenalter und verursachen lange Verunsicherung, Verwirrung und großes Leid bei den Betroffenen und ihren Angehörigen. Was geschieht im Inneren der Menschen, die in einer solchen Welt der Instabilität ihrer Gefühle leben, die sich immer wieder grandios fühlen und bald darauf sich oder andere entwerten müssen, ihr Leben auf verschiedene Weise aufs Spiel setzen, sich nicht beständig an einen Menschen binden können?

Otto Kernberg führt uns in seinen zahlreichen Büchern und Fallbespielen tief hinein in die Welt dieser Störung, deren Ursprung er in der frühen Kindheit und den zutiefst unsicheren, oft traumatischen Beziehungsmustern sieht, in denen seine Patientinnen und Patienten aufgewachsen waren. Die Borderline Störung ist für ihn eine Beziehungsstörung, die sich vor allem dadurch auszeichnet, dass das Ich des Patienten oder der Patientin sich nicht zu einer eigenständigen Kraft ausbilden kann, die Gut und Böse, Wut und Hass, Liebe und Zuwendung balancieren und integrieren kann. Kernberg bezeichnet diese Spaltung des Ichs als „pathologischen Narzissmus". In der inneren Welt der Menschen, die diesen pathologischen Narzissmus in ihrer Geschichte ausgebildet haben, herrscht Leere, die beständig aufgefüllt werden muss mit Bestätigung von außen. Wenn diese Bestätigung, die Anerkennung der äußeren Welt ausbleibt, reagieren sie mit Hass, Verzweiflung oder großer Depression. Innere und äußere Welt fallen auseinander.

So sehr das Drama des „pathologischen Narzissmus" die Psychotherapie beschäftigt, so sehr verweist es auch auf die Notwendigkeit eines Entwurfs von psychischer Gesundheit. Wie sieht der „normale Narzissmus" aus, wie ist ein Ich zu beschreiben, das der Versuchung der Spaltung nicht erliegt, sondern gute wie schlechte Erfahrungen integrieren kann, wie ist ein Ich zu beschreiben, das in seiner inneren Welt immer wieder seine Erfahrungen der äußeren Welt – den guten wie den enttäuschenden Erfahrungen – abgleichen und ausbalancieren kann? Welche Entstehungsprozesse begleiten dieses Ich, damit es stabile und zugleich flexible Grenzen herausbildet, die auch in der Krise standhalten?

Otto Kernberg bietet dafür das Konzept der *Objektbeziehungen* an, das in den frühen 1930er Jahren eine eigene psychoanalytische Schule begründet hat. *Objekte* im psychoanalytischen Sinn sind dabei die elementaren Bezugspersonen außerhalb unserer inneren Welt, denen wir von Beginn unseres Lebens an begegnen und auf die wir in dieser frühen Zeit angewiesen sind. Wir stellen zu diesen Bezugspersonen, den *Objekten* der äußeren Welt, eine innere Beziehung her, wir verbinden uns innerlich mit ihnen. Diese Menschen existieren daher nicht nur außerhalb von uns, sondern finden ebenso ein inneres Abbild, eine Repräsentanz in uns. In den frühesten dyadischen Beziehungen – zwischen der ersten bedeutsamen fürsorgenden Bezugsperson und dem Kind – organisieren sich die grundlegenden Erfahrungen aller unserer Gefühle. In dieser Dyade zwischen dem Selbst des Kindes und der mütterlichen, der sorgenden Bezugsperson liegt die Wurzel tiefsten emotionalen Erlebens. Wir erleben von unserer Geburt an Freude und Bestätigung, aber auch ohnmächtige Wut auf das Versagen von Wünschen, tiefen Neid auf das, was die andere geliebte Person hat, wir erleben Hass und Verzweiflung ebenso wie die tiefe Sehnsucht nach dem Einssein mit der mütterlichen, der sorgenden Person. Mehr aber noch erleben wir Liebe, sie wird, wenn wir genügend sicher und liebevoll in unserem Aufwachsen gehalten werden, all die schlechten Gefühle überwinden, sie ist stärker als unsere Ängste und unser Hass. Sie ist so stark, dass wir auch dann diese uns nahe Bezugsperson lieben, wenn sie abwesend ist. und nicht alle unsere Wünsche erfüllen kann. Wir bilden ein inneres Bild von der geliebten Person aus, verinnerlichen dieses äußere Objekt in uns und behalten es so ein Leben lang.

Diesen Prozess der inneren Differenzierung nennt die Psychoanalyse die Ausbildung einer *stabilen Objektrepräsentanz*. Mithilfe dieser Objektrepräsentanz lernen wir, zwischen uns und der Welt des anderen zu unterscheiden und dennoch mit ihr verbunden zu bleiben. Wir lernen, dass unsere Wut und unsere Aggression weder die Bezugsperson noch unser inneres Ich vernichten kann, wir lernen, dass Neid sich verwandeln kann in innere Dankbarkeit und echte Zuwendung, die auf dem Interesse an der anderen Person gründet. Wir lernen, dass die geliebte Person, auch wenn sie abwesend ist, weiter existiert – in uns und auch außerhalb unserer selbst. Dieser Prozess des Unterscheidens zwischen unserem Ich und dem Anderen ist die Voraussetzung dafür, dass sich ein Ich herausbilden kann, das sich dauerhaft binden kann und sich zugleich seiner selbst sicher ist.

Unsere innere Welt und ihre Beziehungen, die wir im Lauf unserer Entwicklung zur äußeren Welt herstellen, sind unser Schicksal, das uns ein Leben lang begleitet. Wir speichern für die Zeit unseres Lebens unsere sehr individuelle innere Geschichte, die Art und Weise, wie wir in Beziehung treten, die Art und Weise, wie wir Enttäuschungen verarbeiten, mit Kränkungen umgehen, wie wir Anerkennung empfinden und wie wir lieben können. In „normalen" Zeiten, in denen wir zufrieden sind, mit unserem Lebensentwurf im Einklang stehen, stabile Beziehungen aufgebaut haben, beruflich integriert sind, Freunde und Lebensgefährten uns zugewandt auf unserem Weg begleiten, ist dieses Schicksal unserer inneren Welt wie eine zweite Haut. Wir spüren sie nicht, sie schützt uns. Sie ist einfach da. Wir sind zufrieden, kleine Konflikte oder Entscheidungen können wir gut ausbalancieren, unser Ich ist stark genug, Kränkungen oder Enttäuschungen zu verarbeiten. Wir stehen mit der Realität der äußeren Welt im Einklang, wir kennen unsere Fähigkeiten, unsere Kreativität. Wir erkennen aber auch unsere Grenzen – nicht alle Wünsche sind in Erfüllung gegangen, wir haben nicht alles erreicht, wovon wir einmal geträumt haben, aber wir können dankbar sein für das, was wir jetzt leben, was wir gewonnen haben und freuen uns darüber, was andere erreicht haben. Wir lernen im Lauf unserer psychischen Entwicklung, so schreibt Kernberg, uns „innerhalb unserer Grenzen selbst zu bejahen" (Kernberg 1988, S. 143).

Was aber geschieht, wenn die Balance zwischen innerer und äußerer Welt in einer Krise auseinanderzubrechen droht? Was geschieht, wenn unsere Fähigkeit der Selbstbejahung durch eine Krise, einen Schicksalsschlag, einen Verlust, eine schwere Erkrankung vor einer entscheidenden Prüfung steht?

„Viele Individuen", so schreibt Otto Kernberg, „haben das Glück, diese Prüfung nicht bestehen zu müssen, aber schwere Fehlschläge bei der Arbeit oder im gesellschaftlichen Leben, in der Ehe, in der Beziehung zu engen Freunden oder zu den Kindern sind Beispiele für echte Herausforderungen und die damit verbundene Frage an einen selbst, ob denn ein Neubeginn von Grund auf möglich ist. Die Wiederherstellung von Patienten mit einer schweren, behindernden Krankheit oder mit einer schweren emotionalen Erkrankung dreht sich genau um diese Frage: zunächst geht es darum, sich der Realität ohne Verleugnung zu stellen und dann darum, ob man mit dieser Realität ohne zu verzweifeln zurechtkommen wird." (Kernberg 1988, S. 147).

In jeder schweren Krise werden wir mit unserer individuellen Geschichte, mit unserer inneren Welt, erneut und auf sehr schmerzhafte Weise konfrontiert. Unsere zweite Haut macht sich bemerkbar, sie spannt, Wunden und Verletzungen tun sich auf. Wir erleben alles noch einmal, was wir längst hinter uns geglaubt haben – ohnmächtige Wut, Leere, Verzweiflung, Trauer, Abhängigkeit, Neid, Lebensüberdruss, Selbstmitleid. Alle Gefühle, zu denen wir fähig sind, versammeln sich jetzt, wir erleben sie manchmal als dramatisches Geschehen, manchmal als dumpfes Pochen, manchmal als ein quälend endloses Auf und Ab. Unsere innere Welt zeigt ihre Wurzeln, sie verweist uns auf die kindliche Seite, die wir mit in unser Erwachsenenleben genommen haben. Diese kindliche Seite zeigt sich in den Formen der Reaktionen, die wir in frühester Zeit zur Verfügung hatten, um uns zu wehren und zu schützen – Trotz, Zorn, Verleugnung der Realität bestimmen in fast jeder Krise für eine Zeit das Geschehen. Wir stehen der Realität der Krise, der Realität des Schmerzes trotzig gegenüber – nein, das wollen wir nicht, dass es uns so schlecht geht, so böse erwischt hat, Wut erfasst uns auf die anderen, denen es besser geht, Wut auf uns, dass wir nicht mehr funktionieren, die Tage nicht mehr so verlaufen, wie wir es gewohnt sind, die Beziehungen, in denen wir leben, auf dem Prüfstand stehen. Wir könnten verzweifeln.

Otto Kernberg erinnert uns daran, dass die Verarbeitung dieser Verzweiflung keine Krankheit darstellt. Sie ist eine Lebensaufgabe, für uns alle. Sie kehrt immer wieder, in vielfältiger Form, in allen Stufen unserer Entwicklung und unseres Alters. Die Aufgabe, sich in einer Krise neu mit der Realität zu verbinden, ist Teil unseres Lebens. Sie ist Teil unseres Ichs, das immer wieder vor der Herausforderung steht, sich zu bejahen, mit all den äußeren und inneren Grenzen, mit denen unser Ich zurechtkommen muss. Auch dann, wenn wir psychisch gesund sind, wenn wir einen „normalen Narzissmus" ausgebildet haben, können uns Krisen wieder vor Augen halten, dass unser Ich verletzlich ist.

In der Psychotherapie gilt, dass die innere Verletzlichkeit, die in der Krise hervortritt, die Türe für die therapeutische Hilfe öffnet. Aber mit diesem psychotherapeutischen Blick besteht die Gefahr, unsere innere Welt zum Problem zu machen, als sei das, was sich in einer Krise in uns abspielt, eine Störung, eine Krankheit, die behandelt werden muss. Otto Kernberg lehrt uns mit seinem Konzept des „normalen Narzissmus", dass unsere innere Welt ein weites Land ist. In dieser Weite hilft sie uns dabei, eine Krise zu bewältigen. Es mag sein, dass sich in der Krise diese Innenwelt, in der wir seit unserer Geburt mit der äußeren Welt in Verbindung stehen, von ihrer sehr schmerzhaften Seite zeigt. All unsere Bedürftigkeit, unsere Abhängigkeit treten dann hervor, wir fürchten, dass unsere „bösen" Seiten, die Wut, die Verzweiflung und die Leere die Übermacht bekommen könnten. Wir haben Schuldgefühle, fühlen uns als Opfer, gedemütigt, klein.

Aber unsere innere Welt zeigt in der Krise zugleich auch ihren Reichtum und ihre schützende Kraft. Wir erinnern uns an die Vielfalt und die Tiefe unserer Beziehungen und Bindungen aus vergangenen Zeiten, die ihre Spuren in uns hinterlassen haben und bis in die Gegenwart reichen. Wir erkennen die Kraft unserer kindlichen Wut wieder und das gewaltige Ausmaß unseres frühkindlichen Neides und unserer Rivalität mit anderen. Diese Gefühle sind nicht schlecht und verwerflich. Sie sind Gefühle, Teil unseres inneren Reichtums. Sie haben uns seit unserer Geburt dabei geholfen, unsere Grenzen zu finden, herauszufinden, was wir wirklich wollen, was wir zum Leben brauchen, welche Form der Abhängigkeit gut für uns ist und welche es nicht ist. Sie haben uns dabei geholfen, andere Menschen zu lieben, dankbar zu sein, schöpferisch neue

Schritte zu gehen. Der Reichtum unserer inneren Welt hat uns den Weg gezeigt, uns selbst zu erkennen.

Zu den wichtigsten Erkenntnissen der Psychotherapie gehört es, dass die Aufgaben, die seit unserer Geburt an unser Ich gestellt werden, nie zu Ende sind. Die Balance zwischen innerer und äußerer Welt ist Lebensthema, sie begleitet uns bis zum Tod. Immer wieder in unserem Leben kehren wir an einen Punkt zurück, den wir einmal für überwunden geglaubt haben – das können dramatische oder natürliche äußere Ereignisse sein wie der Tod der Großeltern oder Eltern, die unseren Platz im Leben neu bestimmen, eine schwere Krankheit, eine schwere Krise am Arbeitsplatz, ein Unfall, eine Trennung in der Partnerschaft. Es können auch innere Prozesse sein, in denen wir den „alten" Themen wieder begegnen – die Angst vor dem Älterwerden, die Furcht vor der Zukunft, vor dem Tod, die Trauer um das Leben, das wir nicht gelebt haben und nicht mehr werden leben können. Aber gerade in diesen Phasen der Verletzlichkeit ist es wichtig zu wissen, dass wir in uns selbst einen großen Schatz tragen, unseren ganz individuellen, zutiefst persönlichen Reichtum der Gefühle, unsere emotionale Wurzel.

Kernbergs Werk selbst ist in großen Teilen der Erklärung und Behandlung tiefer psychischer Störungen gewidmet. Vielen seiner Bücher mutet etwas Technisches an, die psychoanalytische Fachsprache, die Darstellungen seiner Behandlungsmethoden und die Auseinandersetzung mit anderen Theorien bleiben meist nur dem kleinen in sich abgeschlossenen Kreis der psychoanalytischen Profession zugänglich. Aber gerade dort, wo Kernbergs Auseinandersetzung mit der Normalität unserer psychischen Konstitution durchscheint, eine Auseinandersetzung mit dem, was psychische Gesundheit heute sein könnte, können wir die Schönheit unserer inneren Welt entdecken. Mitten in der Auseinandersetzung mit einer der schwersten Diagnosen, die das Inventar psychischer Störungen bereithält, scheint eine Zuversicht durch. Diese Zuversicht richtet sich an alle Menschen, ob gesund oder krank, belastet oder fest im Leben stehend. Sie sagt uns, dass wir innerlich nicht leer sind, dass wir das niemals waren. Sie sagt uns, dass unsere Innenwelt von Beginn unseres Lebens an reich ist, voller Gefühle, die uns getragen haben, die uns lehren, wir selbst zu werden. Wenn wir uns in der Krise unseren psychischen Wurzeln voller Respekt zuneigen, haben wir den ersten Schritt für ein lebenswertes Leben getan.

Literatur

Falkai, Peter, Wittchen, Hans-Ulrich (Hrsg.) (2015). Diagnostisches und statistisches Manual psychischer Störungen DSM-5. Hogrefe, S. 908 f.

Kernberg, Otto (1988). Innere Welt und äußere Realität. Verlag Internationale Psychoanalyse München.

Das Leben leuchtet

Was geschieht mit uns, wenn wir alles verloren haben, was uns etwas bedeutet hat? Zuerst kommt der Schock, die Welt um uns herum ist seltsam gefühllos, die Dinge, die Handlungen werden wie automatisch verrichtet, die Stunden, Tage, Wochen verstreichen im Nebel. Ungläubig schauen wir auf uns selbst – wie können wir in einer solchen Krise noch funktionieren, wie schaffen wir es, dass wir aufstehen, essen, uns waschen, die Kleidungsstücke der Reihe nach an unseren Körper lassen, der sich scheinbar ohne Widerstände in den Verlust fügt?

Der Groll wird folgen, er rettet uns über das Schlimmste, die Wut entfaltet Kraft in uns – wir beginnen zu hadern, warum geschieht das mir, warum haben die anderen mir das angetan? Später kommt die Verzweiflung – wie soll ich das überstehen? Und noch später kommen vielleicht die Gedanken an ein Auslöschen, aus dem Leben gehen, das wäre eine Lösung, damit der Schmerz ein Ende hat. Aber dazu kommt es nicht, als wäre das Leben eine eigenständige, von uns nicht beeinflussbare Größe warten wir ab, die Zeit verstreicht, ohne dass sich am Horizont Besserung abzeichnet. Wie lange noch?

Es gibt Lebenskrisen, die uns das Unerträgliche greifbar machen. Wir hatten vor dieser Krise keine Vorstellung davon, wie sich das in uns anfühlt, so abgrundtief verloren zu sein. Kein Wort findet sich, keine Sprache, diese Verlorenheit und diesen Schmerz zu beschreiben. Die Begriffe, die sich heute für eine solche Krise finden – ein Burnout, ein Zustand tiefer Verzweiflung nach einem schweren Schicksalsschlag oder dem Verlust eines geliebten Menschen – können das Unerträgliche nicht erfassen. Dabei haben viele von uns die Erfahrung unerträglicher psychischer Schmerzes gemacht oder machen sie gerade durch. In der Statistik der Burnout Gründe stehen ganz oben der Verlust des Arbeitsplatzes, der Verlust des Partners oder der Partnerin, eine schmerzhafte Trennung oder Scheidung. Aber auch anderes, das auf den ersten Blick nicht allzu dramatisch erscheint, kann uns den Abgrund unseres Seins vor Augen führen – ein kurzer heftiger Streit, kleine alltägliche Feindseligkeiten einer Kollegin oder eines Kollegen, eine Kränkung, achtlos dahin gesprochen, kann, unerklärlich genug, mit einem Mal so in unsere Seele eindringen, dass sich ein Abgrund auftut. Die Psychotherapieforschung umschreibt diesen Abgrund als „existentielle Lebenskrise", weil sie den Menschen, die sich in diesem leidvollen Erleben befinden, die Frage nach dem Sinn des Lebens aufzwingt, nach dem Sinn ihrer ganz eigenen Existenz.

In den Forschungsberichten über existentielle Lebenskrisen wird das Erleben dieser Krise in Phasen eingeteilt, die wir durchmachen müssen, um am Ende die schrecklichen Erfahrungen, Ereignisse und Gefühle in unser Sein so integrieren zu können, dass wieder Zuversicht möglich ist. Es gibt unterschiedliche Modelle dafür – berühmt geworden ist etwa das Modell der schweizerisch-amerikanischen Psychiaterin Elisabeth Kübler-Ross, die die Zeit der Trauer über einen schweren Verlust in die fünf Phasen Nicht-Wahrhaben-Wollen, Zorn, Verhandeln, Depression und Akzeptanz eingeteilt hat (Kübler-Ross 1969). Die Grundstruktur ihrer Überlegungen findet sich heute noch im Denken der Psychotherapie. So hat etwa in abgeänderter Form die Psychologin Verena Kast vorgeschlagen, existentielle Krisen der Trauer in vier Phasen einzuteilen – die erste Phase nennt sie wie bei Kübler-Ross die Phase des „Nicht-Wahrhaben-Wollens" des Verlusts, gefolgt von einer Phase der „aufbrechenden Emotionen". Wenn diese beiden am schwersten zu ertragenden Phasen überstanden sind, folgt eine Phase des „Suchens und Sich Trennens" von alten Mustern und Bindungen, sie ist schmerzhaft, aber es gelingt in dieser Phase, wieder einen klareren Weg einzuschlagen. In der letzten Phase, zum Ausgang der Krise, beginnt die Phase des „neuen Selbst- und Weltbezuges" (Kast 2015). Ein neuer Anfang ist geschafft. Das ist die Hoffnung, die uns die Phasenmodelle der modernen Psychotherapie zeigen – sie dienen als Orientierung, sie helfen dabei, sich auch in den schwersten Momenten zu verorten und sie können das therapeutische Geschehen ordnen. Die Phasenmodelle sind ein Versprechen – sie suggerieren uns, dass es weiter gehe, eines folge dem anderen, die Krise habe eine Dynamik, sie ließe sich überstehen, und am Ende, wenn wir das alles geschafft haben, gehe es uns vielleicht besser aus zuvor.

Wir sind keine Maschinen, die nach einem Zusammenbruch wieder stufenweise hochfahren können. So einfach geht es nicht, die Zeit, die eine existentielle Krise braucht, lässt sich nicht beschleunigen, nicht überlisten. Die Phasenmodelle verraten nichts über die Geschwindigkeit, die eigene Zeit, die jeder Mensch ganz persönlich erlebt und für sich braucht, ist nicht vorhersehbar. Und vor allem verraten sie nichts darüber, welche Hilfe an jenem Punkt noch wirksam sein kann, der die tiefste Stelle des Abgrundes markiert – jene Stelle, in der wir fühlen, dass alles verloren ist.

In jeder existentiellen Krise gib es eine Stunde Null. Das ist der Tiefpunkt oder besser noch die Leerstelle, an der sich nichts mehr zu bewegen scheint. Dann helfen die Phasenmodelle trotz ihres Versprechens einer Dynamik nicht weiter. An diesem Punkt lassen wir uns nicht einteilen. Wenn wir dort angelangt sind, hoffnungslos in der Verzweiflung stecken, sind wir ohne Trost. Die Gefahr ist groß, dass wir uns von der Möglichkeit der Hilfe abwenden. Das Wissen um die Aussicht einer nächsten Phase hilft zu diesem Zeitpunkt nicht, es gerät an diesem tiefsten Punkt zur Phrase, denn wir wissen es besser, wie es aussieht in uns, wenn wir dem Unerträglichen begegnen. An diesem Punkt können wir, so schreibt es Juliane Marie Schreiber in ihrem Buch *Ich möchte lieber nicht. Eine Rebellion gegen den Terror des Positiven,* den Verlust, den real erlebten Schicksalsschlag „nicht umdeuten" (Schreiber 2022, S. 100). Die Zeit der heldenhaften Trauerarbeit ist vorbei. Wir stehen jetzt, in dieser Stunde Null, vor der Frage des Sinns unserer Existenz, und wenn es darauf keine Antwort gibt, tut sich das entsetzliche Nichts auf.

Im Mai 1945 steht ein noch junger Mann am Ufer der Isar, nahe des Deutschen Museums in München, und denkt über seine Stunde Null nach. Er hat drei Jahre in vier verschiedenen Konzentrationslagern überlebt, alle seine Angehörigen, seine Frau, die Eltern, der Bruder, Verwandte sind ermordet worden, nur er hat es bis zur Befreiung seines KZs geschafft, diese Hölle menschlicher Grausamkeit zu überstehen. Jetzt, im Mai 1945 in München, ist eine andere Zeit des Wartens, damit er, wie er in einem späten Interview sagt, auf halbwegs legalem Weg wieder nach Wien, die Stadt, in der er vor der Deportation als Psychiater und Psychotherapeut gearbeitet hat, zurückkehren kann.

Wenige Monate später, in Wien endlich wieder angekommen, schreibt Viktor Frankl, der Mann am Isarufer, ein Buch, das nach anfänglicher Nichtbeachtung in Österreich und Deutschland zu einem der meistgelesenen Bücher der Welt im Bereich der Psychotherapie wird. Das Buch trägt später den Titel *Trotzdem ja zum Leben sagen – ein Psychologe erlebt das Konzentrationslager,* es wird allein in den USA über neun Millionen Mal verkauft, in viele Sprachen übersetzt, und auch in Deutschland gehört es heute zu den Standardwerken, das für die Psychotherapie-Entwicklung der Nachkriegszeit enorme Bedeutung gewonnen hat und als Ausgangspunkt für die Entwicklung einer ganzen Therapieschule gelten kann.

Trotzdem Ja zum Leben sagen ist kein Buch über die Theorie der Psychotherapie. Viktor Frankl hat einen Erlebnisbericht geschrieben, über die drei furchtbaren Jahre in den Konzentrationslagern Bergen-Belsen, Auschwitz, später in Kaufering und Türkheim bei München. Nur der Untertitel „Ein Psychologe erlebt das Konzentrationslager" – in der Erstausgabe der Haupttitel des Buches – verrät, dass das Buch eine psychologische Handschrift trägt. Viktor Frankl war vor der Deportation schon als Psychiater und Psychotherapeut tätig, als Oberarzt im Psychiatrischen Krankenhaus in Wien betreute er selbstmordgefährdete Frauen und leitete bis zu seiner Verhaftung die neurologische Abteilung des Rothschild Spitals, in dem bis 1942 noch jüdische Patientinnen und Patienten behandelt werden durften. Frankl war kein Psychoanalytiker, der der Schule Sigmund Freuds oder der Individualpsychologie Alfred Adlers folgte, aber er fand im Wien der zwanziger und dreißiger Jahre des letzten Jahrhunderts den fruchtbaren Boden, auf dem er seine Ideen für eine sinnorientierte Psychotherapie entwickeln konnte. Seine Vorstellungen einer „Logotherapie", die er noch vor dem zweiten Weltkrieg entwickelt hatte, wurzelte tief in der Überzeugung, dass die Psychologie des Menschen nicht allein durch die Triebe und Wünsche zu beschreiben sei, sondern ebenso, vielleicht mehr noch, durch die Hoffnung, seinem Leben Sinn und Wert zu verleihen.

Der Aufbau seines Berichtes über die Jahre im Konzentrationslager folgt den drei Zeiten, in die er seine dreijährige Gefangenschaft und Versklavung im Konzentrationslager einordnet – „Die Aufnahme ins Lager", „Das Lagerleben" „Nach der Befreiung aus dem Lager". Die Phase des Lagerlebens bildet den Kern und zugleich den umfangreichsten Teil des Berichtes, der uns in den Schrecken, das Sterben, den Hunger, die dunklen kalten Nächte und den aschgrauen Alltag des Lagerlebens hineinführt. Frankl berichtet nicht alles, vieles bleibt unerzählt oder verdichtet. Er gibt den schmalen Pfad einer Wanderung in sein Erleben vor, er formt mit seinen Worten die Gestalt einer Menschenseele, wie sie die Realität erlebt und wie sie in diesen Erlebnissen beschreibbar wird. Die Realität des Geschehens in den Lagern gibt den Boden und den Rhythmus des Berichtes vor. Es gibt kein *Möglich,* kein *Vielleicht,* keinen Schein, keine Relativierung des Geschehens als Phantasie oder Wunschdenken. Nichts ist eingebildet, irreal, umgedeutet, ausgedacht. Alles Geschehen – das wirkliche wie das erlebte – ist Tatsache, reines Faktum, Authentizität. Die einzige Begrenzung der Erzählung bildet das Erlebnis selbst und die Wahrhaftigkeit des Erlebten – sie sind der Faden, der durch die furchtbare Wirklichkeit dieser Jahre führt.

„Hier sollen jedoch Tatsachen nur insofern vorgebracht werden", schreibt Frankl zu Beginn, „als das Erlebnis eines Menschen jeweils das Erlebnis tatsächlichen Geschehens ist; dem Erlebnis als solchem jedoch gelten die folgenden psychologischen Bemühungen." (Frankl 2020, S. 22).

Mit „Bahnhof Auschwitz" beginnt der Bericht. Wir sehen den Berichterstatter im Schockzustand. Das ist der Beginn eines Seins, dessen Dauer an diesem Punkt endlos ist. Noch hat er Hoffnung auf ein Ende, das Nicht-Wahrhaben-Wollen setzt ein, er nennt es „Begnadigungswahn", es könnte doch sein, dass es gut ausgeht? Aber dann, nach der ersten Selektion in diejenigen, die sofort nach Verlassen des Zuges in die Gaskammer getrieben werden und diejenigen, deren Ermordung aufgeschoben wird und in die Baracken geschickt werden, ist deutlich, dass alles verloren ist. Nackt steht der Berichterstatter in den Waschräumen mit den unzähligen anderen, die die Gefangenschaft teilen. Alles ist aufgegeben bis auf die nackte Existenz. In der Ausweglosigkeit kommen die ersten Selbstmordgedanken. sie sind, wie Frankl schreibt, angesichts der Gaskammern und der reinen Wahrscheinlichkeit, dort zu sterben, eigentlich nicht notwendig gewesen, denn in „Auschwitz fürchtet der Häftling, der noch im Schockzustand steht, den Tod ganz und gar nicht (…)" (Frankl 2020, S. 38).

Das Lagerleben beginnt. Die Erkenntnis, dass das bisherige Leben ausgelöscht ist, führt zu einer Form des „inneren Absterbens". Gleichförmig gehen die Minuten, die Stunden, die Tage und Wochen dahin. Das andauernde Sterben, die Misshandlungen und Quälereien der Aufseher werden zum Alltag. Apathie breitet sich aus, Innen wie Außen. Nur der Hohn schmerzt noch. Die „Wirklichkeit wird abgeblendet", alles konzentriert sich jetzt auf die „bloße Lebenserhaltung" (Frankl 2020, S. 51). Der Blick wendet sich nach innen – was kann jetzt noch das Leben lebenswert machen? Vielleicht ist es die Liebe, die Verbundenheit mit den Menschen, die er geliebt hat, vielleicht gibt es einen Engel, der sich im

Geist an seine Seite stellt? Vielleicht ist es ein Sonnenaufgang, gesehen durch die Luke eines Eisenbahnwaggons an einem frühen Morgen, oder das Licht in einem fernen Bauernhof, das in einem inneren Dialog zu einer Botschaft des Sinns gerät. Irgendwie gehen auf diese Weise die Tage und die Jahre vorbei, das Leben lebt sich von selbst, es ist noch nicht zu Ende. Die Apathie verschwindet in diesen Momenten der Erkenntnis und an ihre Stelle tritt das innere Gespräch mit sich selbst.

In dieser Phase des inneren Dialogs, der ihn am Leben hält, beginnt Frankl sich nach dem Sinn des Lebens zu fragen. Seine berufliche Identität als Arzt und Psychotherapeut schimmert durch diese Passagen seines Berichtes. In dieser Phase, die er seine „provisorische Existenz" (Frankl 2020, S. 107) nennt, in der alle Hoffnung stillsteht und die Zukunft verschlossen ist, findet sich das Herzstück seines Berichtes, denn hier beginnt das, was er als „keimhafte Ansätze einer Psychotherapie" (Frankl 2020, S. 120) im Lagerleben beschreibt. Der erste, wohl wichtigste Schritt ist die *Umkehrung der Selbstaufgabe.* Das Leben, das sich in den Jahren als selbständige Größe erwiesen hat, das einfach nicht weichen wollte, das den Schock und die Apathie überstanden hat, erscheint als etwas, das größer ist als das Ich. Und so kehrt er die hoffnungslose Frage seiner Mithäftlinge „Was habe ich vom Leben noch zu erwarten" um in die Frage „Was erwartet das Leben noch von mir?". Erste Antworten schälen sich heraus, die ihm und seinen Kollegen über den nächsten Tag helfen.

„Etwas wartet" (Frankl 2020, S. 120) heißt die Überschrift eines Abschnitts, er handelt davon, dass es außerhalb des Leidens etwas gibt, das nicht zu Ende ist. Ein wissenschaftliches Werk, das vor der Deportation nicht fertig gestellt werden konnte, wartet auf seine Beendigung, irgendwo im Ausland wartet ein Kind auf einen Mithäftling, ein Buch ist noch nicht geschrieben. Etwas wartet, das heißt an etwas außerhalb seiner selbst denken können, an die Zeit denken, die noch vor einem liegt und für diese Zeit eine Verantwortung tragen zu können.

„Ein Wort zur rechten Zeit" (Frankl 2020, S. 122) handelt davon, was gutes therapeutisches Handeln ausmacht. Frankl nennt dieses Handeln „Ärztliche Seelsorge" (Frankl 2020, S. 124), ein späteres Buch von ihm wird diesen Titel tragen. Er berichtet von einem Tag, der in seiner Erinnerung zu den besonders schrecklichen Tagen des Lagerlebens gezählt hat, gefüllt mit Hunger, Kälte, Strafaktionen der SS Wachen, die alle Häftlinge seines Blocks gleichermaßen an den seelischen Abgrund geführt haben. In der nächtlichen Dunkelheit der Baracke ist die Verzweiflung des Tages greifbar. „Die Stimmung erreichte ihren Tiefpunkt. Der Blockälteste aber, ein kluger Mann, improvisierte eine kleine Plauderei über all das, was uns innerlich so sehr beschäftigte: er sprach über die vielen Kameraden, die in den letzten Tagen als Kranke oder Selbstmörder gestorben waren. er sprach aber auch darüber, was der wahre Grund dieses Sterbens, der einen sowohl wie der anderen Art, gewesen sein mochte: das Sich-Selbst-Aufgeben." (Frankl 2020, S. 123). Der Blockälteste bittet Frankl, seinen Kameraden Zuspruch zu geben, damit sie sich nicht aufgeben. Frankl, selbst gereizt, hungernd und frierend, rafft sich zu seiner Art der „ärztlichen Seelsorge" auf. Er spricht, den fast sicheren Tod nicht leugnend, von der Zukunft, die immer, immer ungewiss sei, er spricht vom Reichtum der Vergangenheit, von dem, was wir erlebt haben und was wir getan haben: „all das haben wir hereingerettet in die Wirklichkeit, ein für allemal." (Frankl 2020, S. 125).

„Und dann sprach ich, zum Schluß, von unserem Opfer; daß es Sinn habe, auf jeden Fall. Daß es im Wesen des Opfers liege, unter der Voraussetzung gebracht zu werden, daß scheinbar, daß in dieser Welt – der Welt des Erfolgs – nichts damit erreicht würde (…) Und diesen letzten Sinn diesem unserem Leben hier – in dieser Lagerbaracke – und jetzt – in dieser praktisch aussichtslosen Situation – zu geben, das war das Bemühen meiner Worte." (Frankl 2020, S. 125 f.).

Worin besteht die therapeutische Kraft dieser kleinen Szene in der nächtlichen Baracke in einem KZ in den letzten Jahren des zweiten Weltkrieges, die Frankl hier vor uns, den modernen, psychotherapiekundigen Lesenden entfaltet? Was macht den Wert dieser Worte aus, die auch wie ein leerer Trost wirken könnten? Aus Frankls Bericht wissen wir, dass die Kameraden in dieser Nacht zugehört haben. Sie haben seine Worte nicht zurückgewiesen, sie haben nicht zynisch gelacht, waren nicht wütend, abschätzig oder haben sich im Zorn oder der Verzweiflung abgewendet. Die Worte haben ganz offensichtlich etwas im Inneren der Menschen in dieser Stunde ausgelöst, „(…) ich sah", schreibt Frankl, „die Elendsgestalten meiner Kameraden, die nun mit Tränen in den Augen zu meinem Platz heranhumpelten, um – sich zu bedanken…" (Frankl 2020, S. 126). Wir können jetzt sehen, wie in dieser kurzen Szene ein Leuchten auf die Menschen in dieser Baracke fällt.

Heute, in der modernen Gesellschaft, die sich in Wohlstand und einem ausgebauten System der psychosozialen Daseinsvorsorge gut organisiert hat und der Wissenschaft den höchsten Stellenwert verleiht, erscheint diese Rede vom Opfer und vom letzten Sinn altmodisch, ja altväterlich, rückwärtsgewendet pastoral und abgedroschen. Wer möchte heute am Tiefpunkt einer schweren Krise über den Sinn des Lebens belehrt werden? Wer möchte darüber belehrt werden, dass es schon irgendwie weitergeht, dass irgendwo jemand auf einen wartet, dass das Opfer des Leidens einen letzten Sinn habe? Wir möchten nicht leiden. Wir erwarten, dass wir ohne Leiden durchs Leben gehen könne, und wenn uns das Leiden trifft, durch einen schweren Verlust, einen Schicksalsschlag, erwarten wir von der Psychotherapie, dass sie unser Leiden lindert oder möglichst schnell zum Verschwinden bringt. Möchten wir nicht lieber in der tiefen Verzweiflung in unserer ganz individuellen Person gesehen werden? Möchten wir nicht lieber professionelle wissenschaftlich erforschte Hilfe bekommen, statt diesen bloßen allgemeinen Zuspruch, den der Mann in der Baracke seinen Kameraden gibt?

In der Stunde Null, die es in jeder schweren Krise gibt, in der Nacht herrscht und es unmöglich erscheint, die nächsten Sekunden noch auszuhalten, findet in uns etwas statt. Davon erzählt der Bericht Frankls. Denn selbst dann, wenn wir glauben, dass wir alles verloren haben, wenn wir am tiefsten Punkt unserer Verzweiflung stehen, bewegt sich etwas in uns. Wir begegnen in dieser Stunde der Wahrheit unserer Existenz. Das ist die Stelle, an der die Kraft des psychotherapeutischen Denkens von Viktor Frankl ansetzt. Denn wir täuschen uns darin, wenn wir glauben, in dieser Stunde für Trost und Hilfe nicht mehr erreichbar zu sein, wenn wir glauben, dass nichts mehr hilft und jeder Versuch des Trostes aussichtslos ist.

Das Leben, das uns fremd und unerträglich erscheint, geht weiter, ohne unser Zutun hat es seine eigene Kraft, die uns über die nächsten Sekunden, Minuten, Stunden hilft. Das ist die tiefe Botschaft, die Frankl den Menschen, die sich in einer existentiellen Krise befinden, auf ihrem weiteren Weg mitgibt. Frankls Bericht lehrt uns, dass auch in der Stunde Null einer Krise Zuhören möglich ist, dass auch in dieser Stunde uns jemand anderer, etwas Äußeres berühren kann. Wir können es Sinn nennen oder Verantwortung oder Hoffnung oder Trost, wir können ihm viele Namen geben. Wir können dieses Äußere auch namenlos lassen, unbenannt, leer, frei. Frankl selbst hat, als er von der Befreiung aus dem Lager berichtet, einen Psalm aus dem Alten Testament dazu benannt: „Aus der Enge rief ich den Herrn, und er antwortete mir im freien Raum." (Frankl 2020, S. 135). Wir können dieses Äußere, das uns am tiefsten Punkt unseres Leidens erreicht, den freien Raum nennen, den es immer gibt. In diesem Raum ist alles möglich. Wir können dort wieder lernen zu atmen, zu hoffen, uns die Freiheit vorstellen, eine neue Hoffnung erschaffen. Wir müssen ihn nicht begreifen, es genügt, dass wir wissen, dass er da ist.

Die moderne Psychotherapie befasst sich vielfach mit den unbewussten Prozessen, die sie als wesentlich für viele unserer Art der Bewältigung von Problemen und Krisen ansieht. Sie befasst sich mit den Gedanken, die unser Handeln beeinflussen, mit den Gefühlen unserer inneren Welt, mit der Frage, wie wir unser Ich stärken können und widerstandsfähiger werden, gerade dann, wenn Krisen uns in alte Verhaltens- oder Erlebensmuster zurückwerfen. Die moderne Psychotherapie verspricht uns, dass wir uns besser verstehen lernen, selbstbewusster werden, stark, dass wir uns abgrenzen können, beziehungsfähiger, zufriedener zu werden. Das Leiden und die psychischen Schmerzen sind dazu da, überwunden zu werden. Aber was kann die moderne Psychotherapie mit ihren Techniken und Manualen leisten, wenn wir an unserer Stunde Null angekommen sind?

Viktor Frankls Schrift gibt einen anderen Entwurf der Psychotherapie. Seine Form der Psychotherapie wurzelt nicht in der Analyse unseres Unbewussten oder unserer inneren Wünsche, Ängste und Konflikte. Sie hat nicht das Ziel eines starken und unüberwindbaren Ichs. Sie steht auf dem Fundament einer existentiellen Erfahrung. Sie trägt den grauen gestreiften Anzug der KZ Häftlinge, sie hat mit den blutigen Händen Gleise und Graben geschaffen, sie hat gehungert, das Fleckfieber durchgemacht, die Toten begraben, die Hoffnung verworfen, den Hass und die Ohnmacht gefühlt. Sie ist ganz und gar Erfahrung. Sie kennt die Stunde Null. Aus dieser Erfahrung einer schrecklichen Wirklichkeit zieht sie ihre Kraft und ihre Glaubwürdigkeit, auch heute noch. Denn dieses psychotherapeutische Wirken in der Geschichte Frankls erzählt davon, dass es auch in der Stunde Null eine kleine Flamme gibt, die sich Leben nennt. Sie leuchtet, auch ohne uns, und wartet.

Literatur

Frankl, Viktor E. (2020). Trotzdem Ja zum Leben sagen. Ein Psychologe erlebt das Konzentrationslager (10. Aufl.). Penguin.

Kast, Verena (2015). Trauern (38. Gesamtauflage). Kreuz.

Kübler-Ross, Elisabeth (1969). On Death and Dying. Simon&Schuster.

Schneider, Juliane Marie (2022). Ich möchte lieber nicht. Eine Rebellion gegen den Terror des Positiven (3. Aufl.). Piper.

# Wie wir werden

Jede Krise birgt eine Chance zum inneren und äußeren Wachstum. Das ist das Mantra der Unternehmensberatungen, die Überzeugung vieler Coaches, und der Trost, den die Buchratgeber bei psychischen Krisen versprechen. „Nur wenn man scheitert, wächst man auch" sagt die britische Autorin Elizabeth Day in einem Interview der Süddeutschen Zeitung über ihren Bestseller „How to fail" (Day 2020). Vom Tiefpunkt aus gedacht führt jeder Weg nach oben. Wachstum bedeutet in unserer Gesellschaft Mehrwert, wir stellen uns nach solchen Sätzen vor, wie wir uns nach allen Seiten ausdehnen, wie wir stärker, konkurrenzfähiger, toleranter, flexibler, widerstandsfähiger, mächtiger, freier werden. Wachstum verspricht Bewegung und Dynamik, wir winden uns aus dem Schneckenhaus der Krise heraus und erreichen eine andere Größe als vorher. Wachstum ist, so scheint es, reine Biologie, wenn wir erst die Wände, die uns in der Krise gefangen halten, überwunden haben, geschieht das

Wachstum wie von selbst. Unsere Muskeln, Nervenzellen, Knochen und Gefäße wachsen, so meinen wir, von ganz allein, und so soll auch unsere Seele wachsen, unser Geist, wenn die Barrieren des Schmerzes, den die Krise für uns vorhält, einmal überwunden sind.

Aber Wachstum geschieht nicht von allein. Wie alle Prozesse des Lebens ist auch das Wachsen im Zwischenreich von Biologie und Psychologie angesiedelt. Unser Körper ist ein Netzwerk, er braucht die Seele, um stark und stabil zu werden, und unsere Seele braucht den Körper, um ein Haus für ein eigenes Selbst zu finden. Selbst die kleinste Nervenzelle hört auf die Signale der Seele, sie speichert Stress, Freude, Entspannung und Spannung. Und jedes Gefühl, das wir empfinden, hat eine Antwort in unserem Körper, der den Gefühlen einen besonderen Ausdruck verleiht. In dieser Wechselwirkung ist das menschliche Wachstum verortet. Es braucht Voraussetzungen – eine Umgebung, die das Wachstum überhaupt ermöglicht – Wärme, Sicherheit, Unterstützung, aber auch Anreize, Herausforderungen, Kraft. Und es braucht ein Gegenüber, einen anderen Menschen, der diese Sicherheit und diese Herausforderung bietet. Um zu wachsen, brauchen wir ein Außen, um den Weg zu unserer inneren Kraft zu finden.

Unser Wachstum beginnt mit der Geburt. Sie ist die Voraussetzung, dass wir auf der Welt sind, ein Ereignis der Trennung, das einer existentiellen Krise gleichkommt – wir treten ein in diese Welt, indem wir uns trennen, und wir lernen zugleich vom ersten Moment unserer Freiheit an, dass wir den anderen Menschen zum Überleben brauchen. Diese Verbindung von Trennung und Freiheit, von Selbstbestimmung und Abhängigkeit des Menschen gehört zu den Schlüsselthemen des psychotherapeutischen Denkens. Der Wunsch und die Notwendigkeit nach Selbstbestimmung und das Bedürfnis und das Wissen um Abhängigkeit sind die frühesten Erfahrungen, die wir Menschen in Beziehungen machen. Sie sind eine *conditio humana,* eine Bedingung des Menschseins, eine Art Urszene in der Verbindung von Biologie und Psychologie im Menschen – der körperliche Prozess der Geburt, die körperlichen Trennung von der Mutter und die Erfahrung eines eigenen Körpers sind zugleich ein enormer psychischer Vorgang, der einen Prozess der Selbstfindung und der Selbstvergewisserung erfordert. Der Mensch wird geboren, in dem er sich von einem anderen Körper trennen muss und er wird zum Menschen, indem er sich selbst findet und sich neu mit der Welt der Menschen, ihren Anforderungen, Erwartungen, ihren Gefühlen und ihrer Ordnung verbindet.

„Die biologische und die psychische Geburt des Menschenkindes fallen zeitlich nicht zusammen. Die erste ist ein dramatisches, beobachtbares und genau umrissenes Ereignis, die zweite ein sich langsam entfaltender intrapsychischer Prozeß." (Mahler et al. 1978, S. 13). Dies ist die Schlüsselerkenntnis eines langjährigen Forschungsprojektes der Psychoanalytikerin Margaret M. Mahler und ihres Teams um Fred Pine und Anni Bergmann am New Yorker *Masters Children's Center.* Die psychischen Prozesse, die das Kind von Geburt an durchlebt und durcharbeitet, um zu einem eigenen Selbst zu werden, strecken sich über einen langen Zeitraum, dessen Grenzen von außen kaum zu erkennen sind. Um diese innere Arbeit des Kindes, sich aus der schützenden Hülle, die um das neugeborene Kind und die mütterliche Person liegt, in die Welt hinauszubewegen und sich selbst gewahr zu werden, haben die Forscherinnen und Forscher ein umfassendes Projekt entwickelt, das über mehrere Jahre hinweg die Beziehung zwischen Müttern und ihren Kindern in den Mittelpunkt gestellt hat. Am *Center* wurden eigene Räume eingerichtet, eine Art Kindergarten mit zugehörigen

Beratungs- und Beobachtungszonen, mit einer Vielzahl von Mitarbeitenden, die für Betreuung, Beobachtung und die Gespräche zuständig waren. Das Team hat die Kinder in den ersten drei Lebensjahren beobachtet, ihre ersten Schritte, ihr Lächeln und ihre Zornesmienen, ihre Form zu spielen, nach der Mutter zu suchen oder von ihr wegzulaufen, ihre Geduld und Ungeduld im Spiel, ihren Überschwang, ihren Mut und ihre Furcht aufgezeichnet. Es hat die Mütter beobachtet, ihre Form, auf ihre Kinder zuzugehen, sie zu trösten, sich von ihnen zu trennen, sich mit anderen Erwachsenen zu beschäftigen. Das Team hat mit den Kindern und ihren Müttern über ihre Wahrnehmung und ihre Gefühle gesprochen, Hausbesuche durchgeführt, Videoaufnahmen gemacht. Unzählige Protokolle, Daten und Informationen wurden gesammelt, um diesen inneren Prozess der psychischen Geburt, der Selbstwerdung des Menschen, mit dem Material dieser umfangreichen Forschung nachzuvollziehen.

Margaret Mahler hat diesen Prozess als eine Entwicklung von *Symbiose und Individuation* beschrieben. In ihrem Denken beginnt das Menschsein des neugeborenen Kindes in einer Art der Symbiose, einem Zustand nahezu völliger Verschmelzung und Abhängigkeit, in der das Kind sich in den ersten Wochen seines Lebens geborgen und sicher fühlt, der ihm aber auch ein Gefühl der Allmacht verleiht – es glaubt sich in dieser frühen Zeit noch in einer grenzenlosen Einheit mit der Mutter oder der mütterlichen, der fürsorgenden Person, unzerstörbar, ohne jede Anstrengung geschützt. Mit dem Wachstum des Körpers, vor allem aber mit dem Einsetzen der körperlichen Beweglichkeit, den ersten Schritten, beginnt der Übergang zur Individuation. Indem sich das Kind bewegt, kann es sich auch wegbewegen, es kann die Trennung von der Mutter selbst herstellen. Zugleich beginnen auch die intellektuellen Fähigkeiten des Kindes zu wachsen – das

Kind verfügt immer mehr über gestische und begriffliche Symbole, und bald beginnt es die ersten Worte, seine erste Sprache, zu formen. Es schlüpft aus der Haut der Symbiose und entfaltet seine psychischen Flügel. Diese Erfahrung macht dem Kind Freude und zugleich Angst – wie schön ist es, sich immer unabhängiger bewegen zu können, aber wie sehr muss ich auch fürchten, dass ich mich getrennt habe, dass ich getrennt bin?

Die Kinder beginnen mit ihrer Loslösung aus der Symbiose ihr Selbst zu *üben,* wie Margaret Mahler dies nennt – sie üben die Nähe und die Distanz, sie tasten die innere und äußere Entfernung ab, die sie brauchen, um sich als eigener Mensch zu fühlen, aber auch die Nähe, die sie brauchen, um zur Geborgenheit und zur Hilfe zurückzufinden. Dieses Üben hat seine eigene stille Dramatik, die in der Zeit der *Wiederannäherungskrise* ihren Höhepunkt findet. Diese Krise ist die entscheidende Zeit der psychischen Geburt. Sie findet, so Margaret Mahler, zum Ende des zweiten Lebensjahres statt und kann sich über lange Zeit hinstrecken. Denn das Kind muss einen neuen Weg in der Beziehung zur Mutter oder der mütterlichen Person finden. Die alte, machtvolle Einheit der Symbiose ist verloren, und die neue Beziehung muss allmählich erprobt werden, die die Erfahrung von Getrenntsein und Verbundensein mit dem geliebten Menschen integrieren und ertragen kann. Diese Krise geht nicht ohne die innere Erfahrung von Verlust und Schmerzen vorüber. Sie ist aber zugleich auch die Zeit, in der das Kind die Schönheit seines eigenen Seins erfahren kann. Das Kind wird seine Eltern noch lange Zeit brauchen, aber die erste große Erfahrung von Selbstbestimmung und Verbundenheit hat sein Selbst geformt. Hier ist mein Ich: Ich bin getrennt, Ich bin ich selbst, Ich bin geboren, Ich wachse, indem ich mich loslöse und dennoch innerlich mit meinem Ursprung verbunden bleibe.

Unsere psychische Geburt ist ein Prozess innerer Arbeit. Dies ist die wesentliche Erkenntnis der Forschungen von Margaret Mahler und ihrem Team. Sie geschieht fast unsichtbar, sie ist Teil der inneren Entwicklung, die mit der äußeren Entwicklung des Körpers einhergeht. Wie das Gehen muss auch unser Ich üben, wie es geht, dieses Ich zu werden. Es muss seine inneren Bewegungen lernen, es wird scheitern, hinfallen, aufstehen, es wird auf seine Weise weitermachen auf dem Weg in die Individuation, die Selbstwerdung. Aber diese innere Arbeit ist nie ganz zu Ende. Selbst unter besten Bedingungen, selbst unter den liebevollsten Beziehungen zwischen Eltern und Kind, bleibt, so Mahler, die „hochgradige Komplexität der Aufgabe des Menschen, sich als getrenntes Individuum den ständig steigenden Gefahren des Lebens in einer kontaminierten und im wesentlichen feindlichen Welt anzupassen, außerordentlich erschwert" (Mahler et al. S. 282). Die Balance zwischen Selbstbestimmung und Abhängigkeit, zwischen der Sehnsucht nach vollständiger Verschmelzung mit einem anderen geliebten Menschen und eigenständiger Lebensführung ist eine Lebensaufgabe. Sie wird immer wieder Züge der Krise tragen. Dies ist auch die Erkenntnis des Forschungsteams. „Es scheint in der *conditio humana* zu liegen, dass nicht einmal das ganz normal begabte Kind mit einer optimal zur Verfügung stehenden Mutter den Loslösung- und Individuationsprozess ohne Krisen durchzustehen vermag." (Mahler et al. 1978, S. 282).

Die Krisen, die wir immer wieder in unseren Beziehungen zu anderen Menschen erleben, die Kämpfe, die wir zwischen unserer Sehnsucht nach einem eigenständigen Ich und seiner oft schmerzlichen Abhängigkeit von der Welt erleben, sind Bestandteil des Lebens. Wir wachsen nicht *nach* der Krise, sondern *in* der Krise. Wie aber überstehen wir diese krisenhaften Erfahrungen unseres Ichs? Welche Kräfte helfen uns dabei, uns aus schmerzhaften Abhängigkeiten so zu befreien, dass wir wieder neu und offen für einen anderen Menschen sein können? Welche Kräfte helfen uns dabei, dass wir uns auch im Alleinsein nicht einsam fühlen, sondern ganz wir selbst sein können?

Alle Kinder haben von Beginn an eine ihnen eigene *Entwicklungsenergie*. Das Forschungsteam um Margaret Mahler zeigte sich immer wieder zutiefst beeindruckt, wie die Kinder in diesen sehr frühen Jahren aus eigener Kraft Konflikte und Krisen auf dem Weg zur Individuation lösen können. Der schöpferische Reichtum des Spiels, die sozialen Beziehungen zu anderen Kindern, aber auch die stille Beschäftigung mit sich selbst in einer fast unmerklich behüteten Umgebung helfen ihnen dabei, ihr Ich immer mehr zu erkennen, seine Konturen zu spüren und auszubilden. Aber vor allem haben die Kinder von Beginn an ein intuitives Wissen darüber, dass die Liebe zwischen ihnen und der mütterlichen Person die Quelle ihres Wachstums ist. „Ich wollte insbesondere zeigen", schreibt Margaret Mahler, „in welchem Maße das normale Kleinkind darauf eingestellt und im allgemeinen auch fähig ist, Zuwendung und Anteilnahme der Mutter – mitunter auch gegen beträchtliche Hindernisse – zu erreichen." (Mahler et al. 1978, S. 248). Wachstum geschieht nicht ohne Zuwendung und Anteilnahme. Aber es geschieht auch, indem wir aktiv werden, indem wir unsere Energie, die uns von Beginn unseres Lebens gegeben ist, darauf richten können, auch den „winzigsten Teil" (Mahler et al. 1978, S. 248) dieser Zuwendung als eine Quelle der Persönlichkeitsentwicklung zu nutzen.

Verlust und Trennung sind unvermeidlich. Sie gehören zu den existentiellen Themen, die uns ein Leben lang begleiten. Fast immer gelingt es uns, Erfahrungen des Verlusts gut in unser Ich zu integrieren, wir wissen uns gut aufgehoben und behütet, wir haben Ziele vor uns, ein geordnetes Leben, Menschen, mit denen wir sprechen können und denen wir vertrauen. Aber es gibt auch Tiefpunkte, in denen nichts mehr Sinn ergibt. „Die Zeit zwischen meinem 30. und 40. Lebensjahr", so sagt es die britische Autorin Elizabeth Day in ihrem Interview, „war ein Jahrzehnt der Rückschläge: ich heiratete und ließ mich scheiden. Ich wünschte mir über alles ein Baby, aber zwei künstliche Befruchtungen scheiterten und schließlich erlitt ich eine Fehlgeburt. Nachdem ich mich aufgerappelt hatte, ging ich wieder eine Beziehung ein. Zwei Wochen vor meinem 39. Geburtstag verließ mich mein Freund ohne Vorankündigung. Ich fühlte mich am tiefsten Punkt meines Lebens: ich war wieder allein und ahnte, dass ich wahrscheinlich niemals biologische Kinder bekommen würde." (Day 2020).

Wie sah der Weg aus dieser tiefen Krise, aus diesem Abgrund von Enttäuschungen und Verlusten aus? „Sechs Wochen lang", so berichtet Elizabeth Day, „habe ich mitten am Tag gebadet, Hummus aus der Packung gegessen und viel geweint. (…) Ich konnte keine Musik ertragen, jedes Lied machte mich traurig, weil es sich auf meinen Verlust zu beziehen schien. Also hörte ich Podcasts, um der Stille zu entgehen. Außerdem sprach ich mit meinen Freundinnen viel über Liebe und Verlust. Irgendwann verstand ich, dass ich bisher aus jeder schwierigen Zeit meines Lebens gestärkt herausgekommen bin" (Day 2020).

Baden, Essen, Hören, Reden, Warten, Nachdenken, Fühlen. Auch dazu braucht es Kraft, eine Form der Energie, die das Ich aufbringen muss, um sich nicht völlig aufzugeben, die Konturen zu verlieren. Selbst am tiefsten Punkt einer Krise können wir – wie Margaret Mahler und ihr Team dies an den Kindern gesehen haben – an uns selbst beobachten, dass unsere Entwicklungsenergie weiter aktiv bleibt. Sie ist Teil unseres Ichs. Sie nutzt selbst dann, wenn wir im Verstand nicht mehr weiterwissen, auch den winzigsten Teil einer Zuwendung, sie ist selbst dann, wenn wir glauben stillzustehen, auf ihre Weise schöpferisch, sie bewegt sich weiter, sie lässt uns aus eigener Kraft wachsen und den Verlust ertragen. Die Welt ist feindlich, immer wieder. Aber wir haben, so zeigt es der Prozess unserer psychischen Geburt, die Fähigkeit erfahren, aus der Trennung zu uns selbst zu finden.

Wir sind robuster als wir glauben. Die „psychische Geburt" des Menschen zeigt uns eindrucksvoll die Kraft, mit der die Psyche des Menschen ausgestattet ist. Sie zeigt uns die seelische Entwicklungsenergie, die von Beginn an die Beziehungen, in denen der Mensch lebt, für sein Wachstum und seine Identität verwandeln kann. Diese Entwicklungsenergie bildet den Grund für das Wachstum. Sie wohnt in uns, und sie hilft uns dabei, selbst unter widrigen Umständen des Lebens auf unsere psychische Kraft zu vertrauen. Sie hilft uns dabei, die immerwährende Ambivalenz zwischen unserer Selbstbestimmung und unserer Abhängigkeit auszubalancieren, weil sie uns zeigt, dass wir immer, selbst wenn wir Verlust und Schmerzen zu betrauern haben, selbst wenn wir uns auf dem tiefsten Punkt der Krise glauben, *wir selbst sind.* Wir brauchen den anderen Menschen, selbst der winzigste Teil einer Zuwendung tröstet uns, aber wir haben auch die Kraft, das Alleinsein zu ertragen, so werden wir geboren, so wachsen wir.

Literatur

Day, Elizabeth (2020). Nur wenn man scheitert, wächst man auch. Interview Süddeutsche Zeitung vom 20. 04. 2020. https://sz-magazin.sueddeutsche.de/leben-und-gesellschaft/interview-scheitern-elizabeth-day-88694. Aufruf 24. Mai 2022.

Mahler, Margaret, Pine, Fred, Bergman, Anni (1978). Die psychische Geburt des Menschen. Fischer.

Eine Anleitung zur Gelassenheit

Wieviel Zeit verbringen wir jeden Tag mit unseren Sorgen? Sie sind unsere liebsten Begleiter geworden, wie eine leise Stimme folgen sie uns selbst in unbeschwerten Zeiten durch die Stunden, sie stehen meist neben uns, ohne weiter aufzufallen. Sorgen sind Alltag – wir machen uns Sorgen um Kleinigkeiten bei der Arbeit, in der Familie, über die Pflichten, die Erwartungen, die wir an uns und andere haben, die Gesundheit – schaffe ich den Zug noch, um pünktlich zu sein, habe ich etwas vergessen, wen muss ich noch anrufen, werden die Kolleginnen und Kollegen rechtzeitig fertig sein, damit ich weitermachen kann, wie ist es den Kindern in der Schulaufgabe ergangen, schaffe ich mein Lernpensum heute, hoffentlich werden die Kopfschmerzen nicht schlimmer, bekomme ich eine Erkältung?

In Krisenzeiten nehmen die Sorgen in einer steilen Kurve zu. Zu den alltäglichen Sorgen kommen noch schwere Sorgen, die sich in der Wahrnehmung unserer

Beziehungen niederlassen. Wir werden feinfühliger, durchlässiger, die Haut unseres Selbstbewusstseins wird dünner. Unter dem Stress der Krise beginnen wir, das Verhalten unserer Mitmenschen auf uns zu projizieren – ihre Blicke werden mit einem Mal als abwertend oder kritisch empfunden, wir werden misstrauisch, wir richten mehr und mehr unser Selbst auf die Anderen aus. Habe ich etwas falsch gemacht, warum schaffe ich das nicht, wer hat Schuld daran, dass es mir so schlecht geht? Bin ich selbst schuld, habe ich versagt?

Sorgen sind eine Frage der Zeit. In unseren Begriffen ordnen wir die Zeit in Vergangenheit, Gegenwart und Zukunft. In unserem Zeitgefühl meinen wir, dass uns die Sorgen jetzt quälen. Aber die Sorgen sind nicht in der Gegenwart verankert. Das Wesen der Sorge ist vielmehr die Furcht vor der Zukunft, die sich aus den Erfahrungen der Vergangenheit speist. Die Vergangenheit ist wie ein Tableau unseres Wissens über uns selbst. Wir wissen, was wir in der Vergangenheit erreicht haben, was wir nicht erreicht haben, welche Erfolge wir zu verzeichnen hatten. In der Krise wird dieses Wissen fragil. Können wir diese Erfolge in der Zukunft fortsetzen? Wie sollen wir das morgen schaffen? Wie wird es weitergehen, mit uns, mit unseren Beziehungen, unseren Erfolgen? Was werden wir erhalten können, was könnten wir verlieren, was könnten wir noch gewinnen?

Wenn wir uns Sorgen machen, friert die Gegenwart zu Eis. Wir können die Zeit der Gegenwart nicht mehr spüren, nur als etwas, eine Art Schnittstelle zwischen dem, das hinter uns liegt oder dem, das wie eine Wand bedrohlich vor uns steht. Dazwischen stehen wir auf dem schmalen Grat der Gegenwart wie festgefroren, die Sorgen vor der Zukunft nehmen uns die Luft für die Möglichkeit, einfach zu sein. Die Gegenwart wird zur Leerstelle unseres Seins, sie geht uns im Druck der Sorge verloren. Wie aber könnte ein Leben aussehen, das der Gegenwart mehr Aufmerksamkeit schenkt, wie könnte ein Leben aussehen, das uns die Gegenwart inmitten all unserer Sorgen wieder ein Stück lebenswerter, fühlbarer macht?

Der berühmte Psychoanalytiker und Sozialpsychologe Erich Fromm hat in seinen Büchern die Möglichkeiten eines freieren, schöpferischen, liebevollen Lebens in der Gegenwart in vielfacher Weise ausgelotet. Vor allem in seinen späten Schriften sind das geistige und spirituelle Wissen und die Erfahrungen seines Lebens in einer Form versammelt, die den Lesenden fast intuitiv einen Weg zum Nachdenken bereitet. Erich Fromm, 1900 in Frankfurt am Main geboren, wuchs in einer strenggläubigen jüdischen Familie auf, er lernte und studierte bei den jüdischen Gelehrten seiner Stadt und wendete sich in seinem Studium an der Universität mehr und mehr den Fragen der Psychologie des Menschen und seinem Ort in der modernen Gesellschaft zu. Die noch junge Psychoanalyse Sigmund Freuds schien ihm eine mögliche Verbindung von Psychologie und einer an den frühen Schriften von Karl Marx orientierten Gesellschaftstheorie anzubieten – in beiden Formen geht es um die Befreiung des Menschen von seiner Entfremdung, die er durch den Zwang zur Verdrängung seiner Gefühle oder die von der Herrschaft des Kapitals unterdrückten Kreativität seiner Arbeit erfährt. Erich Fromm machte eine Ausbildung zum Psychoanalytiker, nahm seine Praxis in den frühen dreißiger Jahren des letzten Jahrhunderts auf, ohne seine Forschungsarbeiten in den Theorien der Soziologie aufzugeben. Er musste nach der Machtergreifung aus dem Nazideutschland emigrieren, lehrte zunächst in den USA und später in Mexiko Stadt, 1974 kehrte er wieder nach Europa zurück und starb 1980 in der Schweiz.

Erich Fromm verstand sich als einen demokratischen Sozialisten. Soziale Gerechtigkeit bedeutete ihm ebenso viel wie die persönliche Autonomie und die Freiheit des Menschen von jeder Form der Herrschaft. Anders als viele andere Denker und Denkerinnen der kritischen Soziologie hat er der Psychologie und vor allem der Psychoanalyse einen ebenbürtigen Stellenwert in seinem Denken gegeben. Er verstand die Psychoanalyse als eine zutiefst humanistische Form, über den Menschen nachzudenken und ihm Wege der Hilfe aus seiner inneren Entfremdung und Unfreiheit zu ermöglichen. Die Bedürfnisse des Menschen nach Nähe, nach Geborgenheit, nach Autonomie und nach einer wahrhaftigen Identität, die sich ihm in seiner therapeutischen Arbeit zeigten, haben sein Denken lebenslang begleitet. Zugleich sind in seinen Werken die religiösen und spirituellen Wurzeln seiner Herkunft unverkennbar. Erich Fromm hatte ein gewaltiges Wissen über die Religionen der Welt, über die Gelehrten des Alten und des Neuen Testamentes, über die Lehren des jüdischen und christlichen Glaubens. Sein Denken galt nicht allein der wissenschaftlichen Auseinandersetzung mit den Theorien der Soziologie, der Gesellschaftskritik, der Psychologie und der Philosophie. Seine Berühmtheit und seinen Erfolg verdankte er seiner neuen und auch heute ergreifenden Auseinandersetzung mit den Dimensionen der Religion und des Glaubens, den Dimensionen der geistigen und emotionalen Tiefe, mit der die Menschen mit der Welt, der Natur und untereinander in der gesamten Menschheit verbunden sind und aus der sie Hoffnung auf eine bessere, gerechtere Welt schöpfen können.

Haben oder Sein ist 1976 erschienen, Erich Fromms letztes umfassendes Buch, das sich mit der Spannung zwischen dem unablässigen Verlangen der Menschen nach Besitz und Erfolg in der Moderne und der Ruhe und Zufriedenheit des Seins befasst. Das Buch bekam bald eine Schlüsselstellung in der internationalen Umwelt- und

Friedensbewegung, weil es ein Ende der als immer rücksichtsloser empfundenen industriellen Ausbeutung der Natur und des Menschen und ein Ende der militärischen Aufrüstung forderte. Die immer sichtbarer werdende Vernichtung der natürlichen Umwelt, die zentrale Funktion des Konsums, der sich zu einer sinnlosen Gier zu entwickeln drohte und die steigende Kluft zwischen Arm und Reich, zwischen bewaffneter Macht und vollständigem Ausgeliefertseins vieler Völker haben Fromm zutiefst beunruhigt. Es bedarf, so seine Schlussfolgerung, eines Gegenkonzeptes zum Haben, das er als Ursache dieser Spaltungen identifizierte. Es bedarf eines neuen Konzepts des Seins.

Die Verbindung seiner Gedanken zur Psychologie ist unverkennbar. Erich Fromm formulierte in diesem Konzept des Seins – so der Untertitel des Buches – die „seelischen Grundlagen einer neuen Gesellschaft", mit denen die Menschen eine neue, menschlichere Form des Zusammenlebens formen könnten. Was gehört zu diesen seelischen Grundlagen? Wie kann der Charakter der Menschen beschrieben werden, die nicht mehr der Logik des Habens, der Anhäufung „toter Dinge", und dem Zwang zum dauernden Erfolg und Weiterkommen unterworfen sind, sondern sich der Lebendigkeit und Gegenwart des Seins zuwenden können?

Inneres Wachstum, eine allgegenwärtige Lebendigkeit der Seele und große Bewusstheit über das eigene Leben und die Anerkennung seiner natürlichen Grenzen, die der Tod setzt, gehören zu den Grundzügen des Seins. Erich Fromm beschreibt den „neuen" Menschen, der aus der Welt des Habens heraustritt, als einen lebendigen und nachdenklichen Menschen, der um seine Grenzen weiß und diese respektiert, der fähig ist, die Natur zu achten, statt sie sich zu unterwerfen, der Liebe und Ehrfurcht vor dem Leben und dem Sein der Anderen empfinden kann, der bestrebt ist „Haß, Gier und Illusionen, soweit wie es einem möglich ist, zu reduzieren" (Fromm 2020, S. 208). Der Weg zum Sein führt für Fromm über die Selbsterkenntnis und die Selbsterfahrung. Erst durch diese Erkenntnis findet der Mensch einen Weg zur inneren Freiheit, die nicht zu verwechseln ist mit bloßer Willkür oder einem „Bündel zügelloser Begierden" (Fromm 2020, S. 209). Die Existenzweise des Seins ist nicht egoistisch, nicht Ichgebunden, sondern achtet die Anderen und ist mit ihnen verbunden. Sein bedeutet auch Innenschau in unsere Seele. Indem wir uns und unsere unbewussten Wünsche erkennen, werden wir fähig, so schreibt Fromm im letzten Teil seines Buches, eine innere Freiheit zu erlangen und das Glück des Seins zu erkennen. Es besteht darin, „glücklich zu sein in diesem Prozeß stetig wachsender Lebendigkeit, denn so bewußt und intensiv zu leben, wie man kann, ist so befriedigend, daß die Sorge darüber, was man erreichen oder nicht erreichen könnte, gar nicht erst aufkommt" (Fromm 2020, S. 209).

Das Glück findet sich im Hier und Jetzt. Nur dort, in diesem Raum der Gegenwart, gibt es die Sorge nicht, was man erreichen müsste oder nicht erreichen könnte. Hier ist das Leben selbst, nicht Stillstand, sondern volles Sein. Aber wie ist dieses Hier und Jetzt zu beschreiben, wie ist es zu verstehen, zu fühlen, wie gelangen wir an diesen Ort, an dem es weder Vergangenheit noch Zukunft gibt, an dem wir einfach sind?

Erich Fromm hat einen frühen Verbündeten hinzugezogen, der sein Denken begleitet hat. Der Dominikanermönch Meister Eckhart, der große deutsche Mystiker des Mittelalters, hat die Einteilung der Existenzweisen des Menschen in Haben oder Sein schon vor 700 Jahren gedacht. Eine seiner bekanntesten Predigten, die er wohl um 1320 in Köln gehalten hat, handelt von der Armut, der er eine zentrale spirituelle Bedeutung für die

Lebensführung der Menschen seiner Zeit verliehen hat. Europa hatte im 14. Jahrhundert eine erste große Phase des sozialen und ökonomischen Wohlstands erreicht. Armut wurde sichtbar, ein soziales Problem, eine Frage, die auch für die theologische und philosophische Auseinandersetzung entdeckt wurde. Armut wurde in dieser Auseinandersetzung nicht allein als soziales Problem aufgefasst, sondern auch zu einem moralischen Wert erhoben, weil ihre Würdigung der drückenden Gier und Prachtsucht der großen weltlichen und kirchlichen Institutionen eine Absage erteilen wollte. Die Ordensgemeinschaften dieser Zeit sind vor allem aus dieser neuen philosophischen Auseinandersetzung mit der Armut entstanden und gründeten auf einem Gegenbild zum weltlichen Reichtum. Die selbstgewählte Armut wurde zu einer Lebensform des Protests gegen die rücksichtslose Gier. Aber Meister Eckhart machte es sich nicht einfach. Es ging ihm nicht um die Frage des Besitzes oder des Nicht-Besitzes. Er hat in seiner Predigt über die „Armut an Geist" die Armut als eine existentielle Frage der Freiheit begriffen, einer Freiheit des Seins, das von allen Zwängen des Wollens, des Wissens und des Habens befreit ist.

Meister Eckharts Satz von der inneren Armut des Menschen ist einfach. „Das ist ein armer Mensch, der nichts will und nichts weiß und nichts hat." (Meister Eckhart 2019, S. 87). Aber Meister Eckhart lehrt uns, dass der Weg, diese innere Freiheit zu erlangen, nicht über den bloßen Verzicht geht. Wir werden nicht frei, indem wir uns mit Buße freikaufen. „Diesen Sinn verstehen etliche Leute nicht recht; das sind die Leute, die peinlich an Pönitenzien und äußerlichen Bußübungen festhalten (daß die Leute in großem Ansehen stehen, das erbarme Gott!), und sie erkennen doch so wenig von der göttlichen Wahrheit. Diese Menschen heißen heilig nach dem äußeren Ansehen, aber von innen sind sie Esel, denn sie verstehen es nicht, die göttliche Wahrheit zu unterscheiden." (Meister Eckhart 2019, S. 88).

Wenn wir uns der inneren Freiheit nähern wollen, werden wir dies nicht erreichen über die Anstrengung, den Gegensatz des Wollens, Habens und Wissens zu erreichen. Arm im Geist ist, wer auch den Gegensatz des Wollens, das Nicht-Wollen, aufgeben kann, wer den Gegensatz des Habens, das Nicht-Haben, aufgeben kann, wer auch den Gegensatz des Wissens, das Nicht-Wissen, aufgeben kann. Denn auch im Nicht-Wollen oder Nicht-Haben versteckt sich eine Absicht des Menschen, der Wunsch, sich selbst oder den Anderen – oder gar einem Gott zu gefallen. „Und ich sage euch bei der ewigen Wahrheit", so sagt Meister Eckhart „solange ihr den Willen habt, den Willen Gottes zu erfüllen, und irgend nach der Ewigkeit und nach Gott begehret, so lange seid ihr nicht richtig arm; denn das ist ein armer Mensch, der nichts will und nichts erkennt und nichts begehrt." (Meister Eckhart 2019, S. 89).

Meister Eckhart lehrt uns das Loslassen. Dies sind der Kern und die eigentliche Faszination seiner Lehre, die Erich Fromm in seinem Buch wiederentdeckt. Erst, wenn wir erkennen, dass das Wollen, Haben und das Wissen ein Besitz sind, der uns bindet, erst, wenn wir auch noch die letzte Absicht zu gefallen loslassen können, werden wir frei. Meister Eckharts Begriff von Armut ist nichts anderes als die Freiheit von allen Fesseln, die uns das Wissen, das Wollen und das Haben auferlegen. „Das heißt nicht", schreibt Erich Fromm, „daß wir weder etwas besitzen, noch daß wir nichts tun sollen; es bedeutet, daß wir an das, was wir besitzen und tun, nicht gebunden, gefesselt, gekettet sein sollen – nicht einmal an Gott." (Fromm 2020, S. 82). Erst wenn die Fesseln abgelegt sind, werden wir eins mit Gott, weil wir dann von Gott nicht unterschieden sind. Und ebenso ist auch unsere Seele nicht unterschieden von uns, wenn wir das Wollen und Nicht-Wollen, das Haben und Nicht-Haben, das Wissen und Nicht-Wissen als Gestus unseres Lebens aufgeben können. Unsere Seele wird eins mit sich selbst. Sie will nichts mehr, das sie von außen zwingt und ihr fremd ist. Das ist der Kern des mystischen Denkens des Mittelalters – weil wir eins sind mit uns, sind wir eins mit Gott.

Dieser Zustand des Seins – das Einssein mit sich selbst – ist ein Zustand außerhalb der Zwänge der Zeit. Das Hier und Jetzt ist dieser Ort außerhalb dieser Zwänge. Die Zeit des Hier und Jetzt beherrscht uns nicht. Sie ist, gerade jetzt, in diesem Augenblick. Wir können die Gegenwart spüren, aber sie ist nicht beherrscht von der Vergangenheit oder der Sorge um die Zukunft. „In der Existenzweise des Seins" schreibt Erich Fromm, „respektieren wir die Zeit, aber wir unterwerfen uns ihr nicht." (Fromm 2020, S. 159). Wir werden mit jedem Loslassen unserer inneren Fesseln lebendiger, freier von den Zwängen des Erfolgs, des Gefallenwollens, des Tuns um des Besitzes willen. Wir werden ruhiger. Wir beginnen, das Wesen der Gelassenheit zu verstehen.

Heute haben die Gedanken Meister Eckharts wieder Konjunktur. Das Bedürfnis, dem Druck des Erfolges und dem zähen Alltag der Sorgen für eine Zeit zu entrinnen, ist groß. Das Gespenst des Burnouts geht um in der Arbeitswelt, aber ebenso erschöpft sind die Menschen auch in ihren Beziehungen, dem dauernden Zwang, das Glücklichsein zu spielen. Zen, Yoga und Meditation gelten als Wege, Gelassenheit zu finden, wenn auch nur auf Zeit in einem Retreat, in einer Yogastunde oder beim Lauschen der modernen Predigten eines Zen Meisters oder einer Zen Meisterin. Doch Erich Fromm ist weit entfernt von jedem Meistergedanken. Er ist kein Guru, der von der angeblichen Wahrheit spricht, sein Buch ist keine Bibel moderner Gelassenheitsübungen. Sein Denken ist bescheiden und zugleich kritisch. Erich Fromm hat nichts übrig für die Heilsversprechungen der Moderne, für den Wettlauf des gesellschaftlichen Erfolges, aber er hat ebenso nichts übrig für den Weg der Askese, des Aussteigens oder des Rückzuges in eine innere Welt. Wenn wir dem Weg der selbsternannten Meister oder der Vorbilder folgen, sind wir dieselben Esel, von denen Meister Eckhart gesprochen hat – wir wollen, wir wissen und haben. Aber sind wir dann wirklich jetzt, hier bei uns?

Erich Fromm nimmt uns nicht die Verantwortung über uns, unsere Lebensführung, unsere Gestaltung der Gesellschaft und unser Verhältnis zur Natur und der Welt, in der wir leben. Das Sein ist kein Zustand des Rückzugs in einen Wellnesstempel, einen Yogaurlaub oder die Tage in der Stille eines Klosters. Solange wir diesen Rückzug als eine Form des aktiven Nicht-Konsums, des aktiven Nicht-Habens begreifen, sind wir weiterhin in der Existenzweise des Habens, der Ichbindung unseres Tuns und des Egoismus gefangen. Aber die Existenzweise des Seins trägt unsere Verantwortung gegenüber der Welt und dem Leben der Anderen in sich. „Sein ist Leben, Tätigsein, Geburt, Erneuerung, Verströmen, Produktivität", schreibt Erich Fromm. (Fromm 2020, S. 84). Menschlichkeit entsteht in der Gegenwart des Hier und Jetzt, an diesem Schnittpunkt von Vergangenheit und Zukunft, an der Stelle, die wir uns nicht vorstellen müssen, sondern die wir leben.

Haben oder Sein ist auch eine Anleitung für ein anderes psychotherapeutisches Denken in der modernen Gesellschaft. Psychotherapie besteht nicht allein in der beständigen Reflexion über sich selbst, in der Rückschau in die Vergangenheit, in der Einübung erfolgsversprechenden Verhaltens für die Zukunft. Psychotherapeutische Anleitungen und Verhaltenstrainings wären Erich Fromm zutiefst fremd gewesen – wie Meister Eckhart hätte er vielleicht den guten Willen gesehen, aber mehr noch die Fesseln, die einem solchen Verständnis der Therapie innewohnen. Diese Form der Psychotherapie wäre für ihn Teil der Welt des Habens, des Besitzes, der uns vielleicht wieder zu einem erfolgreichen Mitglied dieser Welt macht, uns aber keine innere Zufriedenheit schenken wird. Das therapeutische Wesen seines Denkens geht tief in die Frage der inneren Freiheit, die wir brauchen, um eins mit uns selbst zu sein. Aber wie wäre diese innere Freiheit zu erreichen? Wie könnten wir freier werden von den Sorgen, die uns an unser Leben fesseln? Wie könnten wir uns die Existenzweise des Seins vorstellen?

Erich Fromm und Meister Eckhart lehren uns heute, dass auch diese Frage – die Frage, wie wir innere Freiheit erlangen können – eine Fessel ist, wenn wir sie zum Auftrag oder Ziel unserer Vollkommenheit machen. Wir sind nicht vollkommen. Aber wir können uns, auch in den tiefsten Momenten der Sorge, ein wenig mehr Vertrauen schenken. Denn auch dann gibt es Gegenwart, ein Hier und Jetzt für uns. Die Gegenwart ist der bedeutendste Moment gerade jetzt, in unserem Leben. Sie ist wirklich. *Jetzt* wissen wir, wie es uns geht, wie wir uns fühlen, wer wir *jetzt* sind. Meister Eckhart sagt: „Wer dies erkennt, der erkennt, wovon die Seelheit abhängt. Dies Etwas hat weder vor noch nach, und es wartet nicht auf etwas Hinzukommendes, denn es kann weder gewinnen noch verlieren." (Meister Eckhart 2019, S. 91).

Wir atmen ein, wir atmen aus. Wir sind. Wir sind verbunden mit der Welt, mit den Anderen, mit dem Leben. Wir schöpfen Kraft. Wenn wir unser Herz für diese Erkenntnis der Gegenwart öffnen, wenn wir der Gegenwart ein wenig mehr Achtung schenken, führt uns die Gelassenheit dieses Augenblicks in die Welt des Seins.

Literatur

Fromm, Erich (2020). Haben oder Sein. Die seelischen Grundlagen einer neuen Gesellschaft (48. Aufl.). dtv.

Meister Eckhart (2019). Mystische Schriften (12. Aufl.). Insel.

Seelenwunder

Sei selbstständig und unabhängig, lautet eines der zehn impliziten Gebote eines der wichtigsten internationalen Diagnosemanuale für die Erkennung von psychischen Störungen. Der Psychiater Daniel Leising hat zusammen mit zwei weiteren Autorinnen die „normativen Annahmen" des *Diagnostic and Statistical Manual of Mental Disorders* (DSM) untersucht, die einer Diagnose für eine psychische Persönlichkeitsstörung zugrunde liegen (Leising et al. 2009, S. 232). Eine psychische Erkrankung droht sich am Horizont abzuzeichnen, wenn dieses Gebot nicht erfüllt ist – wenn der erwachsene Mensch, der Mann, die Frau, ein unselbständiges Leben führt, innerlich oder auch äußerlich abhängig so stark von Dingen, Stoffen oder einem anderen Menschen ist, dass er oder sie psychisch nicht mehr in der Lage ist, eigene Entscheidungen zu treffen, Sorge für sich selbst zu tragen. Von diesem modernen Gebot für unsere psychische Gesundheit ist es nicht weit zu dem Herzen der Aufklärung, das zum Ende des 17. Jahrhunderts zu schlagen begonnen hat. Wage zu denken, hat Immanuel Kant den Menschen seines Jahrhunderts und der kommenden Jahrhunderte aufgetragen, bilde dir dein eigenes Urteil, mach dich nicht abhängig von den Herrschenden, unterwirf dich nicht. Dieser Auftrag der Aufklärung für die Freiheit und Eigenverantwortung des Menschen ist bis heute Richtschnur unserer Vorstellung eines von der Vernunft geleiteten Lebens. Sei selbständig und unabhängig, lautet auch heute das Ziel der Pädagogik, der Medizin, das Ziel vieler Richtungen der Psychotherapie, an dem ihr Erfolg und ihre Wirkung gemessen wird.

In dieser Welt der Vernunft ist kein Platz für die Seele. Denn mit den Maßstäben der Wissenschaftlichkeit gibt es keinen solchen unsichtbaren, nicht näher beschreibbaren Ort in unserem Körper. Das Gehirn ist das Maß aller wissenschaftlichen Forschung zu unserem Denken und Fühlen, eingeteilt und vermessen in Zonen und Bereiche, Großhirn, Kleinhirn, Hirnstamm, Hirnrinde. Die Faltungen des Gehirns sollen uns alle Erklärungen für unser Denken, unser Fühlen und unser Handeln liefern. Was aber geschieht, wenn sich die Seele einmal bemerkbar machen sollte, in der unermesslichen Trauer, die wir spüren, einer unerklärlichen Leidenschaft, einer unbezwingbaren Sehnsucht nach einem anderen Menschen, einer anderen Welt voller Gefahren und Versuchungen, die uns stärker anzieht als die Welt der Vernunft? Welche Antworten findet die Wissenschaft auf diese Welt der Unvernunft, die sich in unseren Träumen, unseren Wünschen, unseren unerfüllbaren Begierden auftut? Wir nennen diese Welt manchmal *romantisch* oder *spirituell,* aber wenn es uns oder unseren Mitmenschen zu unheimlich wird, geraten wir, die modernen vernunftgeleiteten Menschen, leicht in Versuchung, solche Erscheinungen als „psychische Störung" oder als „abweichendes Verhalten" zu bezeichnen, das der Korrektur bedarf.

Die Kraft der Seele aber lässt sich nicht leugnen. Sie zeigt sich in unserer Widerstandskraft, mit der wir wie durch ein Wunder schwierigste Lebensphasen oder Konflikte überstehen können. Sie zeigt sich aber auch dann, wenn unser Körper sich verweigert, wenn er uns in seiner Sprache zeigt, dass wir selbst in Not sind, etwas in unserem Leben nicht ertragen können, ohne genau zu wissen, warum das so ist. Fast jede Lebenskrise ist auch von körperlichen Schmerzen, Einschränkungen oder Symptomen begleitet, die medizinisch auch nach allen Abklärungen nicht mehr vollständig zu erklären sind. Wir funktionieren nicht mehr richtig, es tut weh, wir leiden. Unsere Seele leidet. Eine Sehnsucht breitet sich in unserem Inneren aus, die aus der Welt der Vernunft verbannt ist. Wir sehnen uns nach Heilung, Heilung nicht allein des Körpers, sondern vor allem der Seele. Wir zünden eine Kerze an, wir räuchern das Haus mit Salbei, wir sind, wie Hape Kerkeling schreibt, dann mal weg und machen uns auf den Pilgerweg. Auf der Suche nach Heilung verlassen wir die Welt der Vernunft und betreten die Welt des Zaubers, der Geheimnisse, des Glaubens, wie es schon vor vielen tausend Jahren geschehen ist. Herr, sagt der Hauptmann von Kaparnaum zu Jesus, sprich nur ein Wort, so wird mein Diener gesund. Nie habe er, sagt Jesus zu seinen Jüngern, einen stärkeren Glauben gesehen, und am selben Tag ist der todkranke Diener geheilt.

Für Stefan Zweig, den großen österreichischen Dichter und Schriftsteller aus Wien, war diese Zauberwelt der Magie, der Beschwörung der Geister und des religiösen Glaubens die Wurzel dessen, was wir auch heute noch unter Heilung verstehen. Denn zur Heilung gehört für uns nicht allein die Beseitigung einer Krankheit oder eines körperlichen Symptoms mithilfe von aufwendigen

Diagnosen, Medikamenten und Apparaten. Heilung ist ein Prozess, der, wenn er einmal begonnen hat, den ganzen Menschen erfassen wird, nicht nur seinen Körper, nicht nur seinen Verstand, sondern vor allem auch sein Innerstes, die Kraft seiner Seele. Wir sind uns dieser inneren Kraft kaum bewusst, aber wir wissen, dass es sie gibt – warum sonst würden wir dem Pilgerweg vertrauen, das Gebet suchen, Verständnis von unseren Mitmenschen erbitten, Einfühlung erhoffen? Heilung, so die Schlussfolgerung von Stefan Zweig in seinem schönen und berührenden Buch *Die Heilung durch den Geist,* das er 1930 ganz unter dem Eindruck der neuen Psychologie Sigmund Freuds geschrieben hat, ist ein Geschehen, das auf einer besonderen Verbindung zwischen unserer Innenwelt und der Außenwelt beruht. Diese Außenwelt erscheint in Gestalt eines bedeutsamen Anderen, dem diese Kraft des Heilenden zugesprochen wird. Vor tausenden von Jahren waren dies die Tiere oder Berge, die Geisterbeschwörer, die Magier, die Wunderheiler und Kräuterfrauen, die Menschen mit einer besonderen Beziehung zu den Göttern, oder – wie es das Neue Testament erzählt – es war der große Glaube an Gottes Sohn. Dieses große Andere, Tier oder Stein, Kind, Frau oder Mann, hat im Glauben der Menschen die besondere Fähigkeit, mit seiner Energie, einer Berührung, einer Geste, oder allein einem Wort diesen Prozess der Heilung in Gang zu setzen.

Die moderne Medizin hat dieses Bild des Heilers, der Heilerin, durch die ärztliche Profession ersetzt, die nicht mehr mit Beschwörungen und Gesten, sondern allein mit den Methoden der Wissenschaft die Krankheiten beseitigen soll. Die einzigartige, unsere Seelenkräfte beschwörende Kraft des Heilenden ist, so schreibt Stefan Zweig, aus dem Bild der modernen naturwissenschaftliche Medizin nahezu verschwunden. Aber sie hat sich nie ganz aus unserer Hoffnung auf Heilung verdrängen lassen.

Sie besteht unbezwingbar in unserer Vorstellung und in unserer Erfahrung weiter – wir wissen, was ein tröstendes Wort bewirken kann, was eine freundliche Berührung auslöst, wenn wir krank sind, wir wissen, dass uns gerade in unserem Seelenschmerz die Ruhe und Zuwendung von guten Zuhörenden inneren Frieden zurückgeben kann.

Stefan Zweig war ein Weggefährte, ein Freund und großer Bewunderer von Sigmund Freud. Die Entdeckung des Unbewussten, das sich, so beschrieb es Freud, in unseren Träumen, unserer Sprache und unseren psychischen und physischen Symptomen zeigt, ist für ihn eine Befreiung der Seele aus einer langen Geschichte ihrer Verdrängung aus dem Prozess der Heilung. Alle Heilung, so schreibt Stefan Zweig, beginnt damit, dass die Menschen an eine – wenn auch unbestimmbare – besondere Kraft glauben. In diesen Glauben legen sie alle ihre Hoffnung, sie bringen Opfer und finden einen Ort der Hilfe in den religiösen Kulten. Sie suchen in diesen Kulten eine „Heilung durch den Geist". Mit der Aufklärung wird dieser am Kult ausgerichtete Heilungsglaube verdrängt zugunsten einer vernunftgeleiteten Medizin, die sich an allem Sicht- und Messbaren orientiert. Alles nicht Erklärbare, alles Unsichtbare, Geheimnisvolle, wird mit dem Blick der vernunftgeleiteten Medizin in die Welt des Aberglaubens, der Scharlatanerie und Betrügerei verbannt. Aber die Seele, dieser geheimnisvolle Ort in uns, leidet weiter, sie sehnt sich weiter nach Verständnis, nach Wärme, nach innerem Frieden und Wachstum. Die Vernunft mag einen Weg der Beseitigung von Symptomen bahnen, aber ihrem Wesen nach ist sie kalt. Sie sieht nicht den Menschen als Subjekt, seine Einzigartigkeit, seinen ganz individuellen Schmerz, seine einzigartige Form des Leidens. Im Blick der Vernunft ist Leid kein psychisches Geschehen, sondern ein krankes Organ, austauschbar, für jeden gleich.

Stefan Zweig schließt sich dem Pfad einer anderen, beseelten Form der Heilung an, den Sigmund Freud mit der Entdeckung des Unbewussten in der Menschheitsgeschichte der „Heilung durch den Geist" fortgeschrieben hat. Wie Freud sieht er, dass das Leid der Seele nicht verschwindet, wenn man es mit den Mitteln der Vernunft zu verdrängen versucht. Es wird nur an einen anderen Ort geschoben und so verstellt, dass es die naturwissenschaftlich ausgerichtete Medizin nicht erkennen kann, erkennen will. Das ist für Stefan Zweig die große Entdeckung der Psychologie des zwanzigsten Jahrhunderts. „Die alte, die vorfreudische Psychologie", so schreibt er, „fordert vom einzelnen, vom gebildeten zivilisierten Menschen, er solle seine Triebe durch die Vernunft unterdrücken. Freud antwortet grob und klar: Triebe lassen sich überhaupt nicht unterdrücken, und es sei oberflächlich, anzunehmen, sie wären, wenn man sie unterdrücke, fort und aus der Welt verschwunden. Man könne Triebe bestenfalls zurückdrücken aus dem Bewußten ins Unbewußte. Aber dann stauen sie sich, gefährlich verkrümmt, in diesem Seelenraum und erzeugen durch ihre ständige Gärung nervöse Unruhe, Verstörung und Krankheit." (Zweig 2018, S. 175).

In unserem gegenwärtigen Bild von Heilung ist diese Vorstellung von Stillstand und Fließen immer noch tief verankert. Krankheit, ob körperlich oder psychisch, ist verbunden mit Stillstand, mit innerer Blockade, Verkrümmung, Stauung. Nichts geht mehr weiter, der Schmerz ist immer gleich, das Leben wie eingefroren. Besserung tritt erst ein, wenn wir innerlich und äußerlich wieder beweglicher werden. Für dieses Fließen in uns müssen wir uns dem Unbewussten zuwenden, wir müssen den Mut finden, dorthin zu schauen, wo wir all das, was wir verdrängt haben, was wir verdrängen mussten, gestaut haben. Aber wie kann dieser Blick nach innen, in die Landschaften unseres Unbewussten, möglich werden? Denn jede Verdrängung hat ihren Sinn, sie soll uns gerade davor schützen, dem Unerträglichen, dem Verbotenen, den frühen schmerzhaften Erfahrungen in unserem Leben zu begegnen. Wie können wir unserem Unbewussten begegnen, ohne diesen Schutz zu verlieren, ohne zusammenzubrechen? Wie ist eine Heilung dieses psychischen Stillstandes möglich?

1776 beginnt der Arzt Franz Anton Mesmer in seinem Haus in Wien durch das Auflegen von Magneten, durch Zauberstäbchen, präparierte Badezuber und mit Magneten versetztem Wasser Menschen von ihren Nervenleiden, ihrer Schwermut, ihren Ängsten, ihren unerklärlichen körperlichen und seelischen Leiden zu heilen. Er erschafft in seinen Häusern eine sonderbare mystische Zauberwelt, eine Art des äußeren Seelenraums. Seine Form der „Heilung durch den Geist" ist die erste Station im Buch von Stefan Zweig. Mary Baker-Eddy mit ihrem im 19. Jahrhundert bedeutsam gewordenen Weg der „Christian Science" und Sigmund Freud mit der Entwicklung der Psychoanalyse werden diesem Weg folgen. Sie sind für Stefan Zweig die Gestalt gewordenen Pioniere einer an der Seele ausgerichteten Psychotherapie, die sich unerschütterlich gegen Neid und Misstrauen der akademischen Welt ihren Weg durch die Kälte der modernen Zeit gebahnt hat und auch heute entgegen aller wiederkehrenden akademischen Vorbehalte ihren Platz in der Wissenschaft, Forschung und Lehre der Medizin und der Psychologie behauptet.

Mesmers Heilungszeremonien werden zu einem gesellschaftlichen Ereignis, seine Arbeit, die er den „thierischen Magnetismus" nennt, gleicht seinen Patientinnen und Patienten einem Wunder. Die Erfolge sind groß, denn Mesmer vermag mit seinen Mitteln zu heilen, was der akademischen Medizin nicht gelingt.

Nervenleiden, Melancholie, rätselhafte Bauchschmerzen, Ängste werden auf wundersame Weise gelindert Dieses Wunder der Heilung beruhe darauf, so meint Mesmer in den ersten Jahren seiner therapeutischen Arbeit, dass er die unsichtbaren Ströme und Fluide im Weltall, die unsichtbaren Energien und Kräfte in den Körpern und der Seele der Menschen mittels seiner magnetischen Instrumente, vor allem aber mittels der Berührung seiner Hände, wieder in Verbindung und zum Fließen bringe.

Dieses „Wunder" des *Magnetismus* fällt mitten in die Zeit des großen Aufbruchs der Aufklärung, die eine Absage an die Religionen und an ihren Kult erklärt hat. Diese Absage wird ihren Höhepunkt in der Französischen Revolution finden, in denen die Menschen die Orte des Glaubens, die Kirchen und die Bilder der Heiligenverehrung zerstören werden. Köpfe werden rollen, unter der Guillotine ebenso wie an den Portalen der Kathedralen. Die aufgebrachten Menschen glauben dem Leitsatz der Aufklärung zu folgen, den die Französische Revolution in ihrem Verlauf in erbarmungsloses Zerstörungshandeln übersetzt hat – sei selbständig und unabhängig, unterwirf dich nicht dem Aberglauben der Religionen. „In eine so unbescheidene, unfromme, einzig ihre eigene selbstgefällige Ratio vergötternde Zeit", so schreibt Stefan Zweig über dieses Heilungsereignis, das Franz Anton Mesmer hervorbringt, „tritt nun unversehens ein Mann mit der Behauptung, unser Weltall sei keineswegs ein leerer, unbeseelter Raum, ein totes, teilnahmsloses Nichts ringsumher um den Menschen, sondern ständig durchdrungen von unsichtbaren, unfaßbaren und nur innerlich fühlbaren Wellen, von geheimnisvollen Störungen und Spannungen, die in dauernder Überleitung einander berührten und belebten, Seele zu Seele, Sinn zu Sinn. Unfaßbar und vorläufig unbenannt, vielleicht dieselbe Kraft, die von Stern zu Stern strahle und im Mondlicht Schlafsüchtige lenke, könne dies unbekannte Fluid, dieser Weltstoff, von Mensch zu Mensch weitergegeben, Wandlung bei seelischen und körperlichen Krankheiten bringen und derart jene höchste Harmonie wiederherstellen, die wir Gesundheit nennen." (Zweig 2018, S. 19).

Die akademische Welt schüttelt den Kopf. Was soll das Theater? Es gibt in ihrer Welt keine geheimnisvollen Störungen und Spannungen, keine unsichtbaren Wellen in der Luft, die nur innerlich fühlbar sind, es gibt keine Erscheinungen außerhalb dessen, was mit den Werkzeugen der Vernunft messbar ist. Diese Ablehnung durch die Wissenschaft wird zum Lebensthema des Arztes Mesmer, an dieser Ablehnung wird er scheitern. Denn die Anerkennung durch die Wissenschaft bleibt ihm, so schreibt Stefan Zweig, ein Leben lang verweigert. „Die professorale Aufgeklärtheit der Akademien weigert sich hartnäckig, auf all diese von Mesmer vorgezeigten und hundertfach bezeugten Phänomene auch nur einen einzigen unbefangenen Blick zu tun. Jenes Fluid, jene sympathetische Übertragungskraft, deren Wesen man nicht deutlich erklären kann (schon verdächtig dies!), steht nicht im Kompendium aller Orakel, im Dictionnaire philosophique, folglich darf nichts Derartiges vorhanden sein. Die Phänomene, die Mesmer vorweist, erscheinen mit nackter Vernunft nicht erklärbar. Folglich existieren sie nicht." (Zweig 2018, S. 19).

Aber Wissenschaft ist nicht alles. Mesmers Ruf eines großen ärztlichen Heilers verbreitet sich in ganz Europa. Das Geheimnis des Fluids, des Magnetismus, hat eine große Anziehungskraft auf die Sehnsucht der Menschen. Es will erfahren werden. Für eine Zeit ist er Modearzt der wohlhabenden Bürgerinnen und Bürger, erst in Wien, dann in Paris, wo er eine große Schar von Anhängerinnen und Anhängern unter dem Adel findet. Die Menschen stehen Schlange, seine Inszenierungen der magnetischen

Heilung sind großes Spektakel, die Pferdekutschen stauen sich rund um sein Haus am Place Vendôme. Aber die akademischen und politischen Anfeindungen nehmen auch in Paris zu. Am Ende muss er vor der Revolution in Frankreich fliehen, die Stationen seines Lebens führen ihn erst nach Wien, dann, gänzlich verarmt, in die Schweiz. Die letzten Jahre verbringt Franz Anton Mesmer am Bodensee in bescheidener Zurückgezogenheit, er behandelt weiter die Menschen aus der bäuerlichen Umgebung, aber seine Zeit als Superstar unter den Ärzten ist vorbei. Der „thierische Magnetismus" könnte zu Ende sein, eine Episode in der Geschichte der Medizin, die bald vergessen sein wird.

„Mir ist es nur gegeben, Ideen in Gestalten darzustellen", schreibt Stefan Zweig in seiner Einleitung seines Buches *Die Heilung durch den Geist* (Zweig 2018, S. 16). Mesmer ist für ihn eine solche Gestalt, die eine immer wieder, immer noch strahlende Idee verkörpert. Warum aber hat diese Idee des „heilenden Magnetismus" dieser Gestalt des Franz Anton Mesmer eine solche Kraft, dass Stefan Zweig sie in eine Reihe mit Sigmund Freud, dem großen Begründer der Psychoanalyse, stellt?

Das Geheimnis des Mesmerismus sei, so wird es heute oft beschrieben, durch die Kraft der Suggestion, der psychischen Beeinflussung, zu erklären. Die suggestive Wirkung der Heilungszeremonien, der Berührungen durch die Person eines Menschen, dem Heilungskräfte zugesprochen werden, bringe die Menschen dazu, an diese Form der Heilung zu glauben und sich der Kraft dieses Glaubens anzuvertrauen. Die Suggestion der Heilung – sei es durch Magnete, Berührung der Fingerspitzen, der Behandlung mit Zauberwasser – richte sich an die Willenskraft des Menschen, sie lenke den menschlichen Willen in die gewünschte Richtung, damit er alle seine Kräfte darauf richten könne, gesund zu werden, mehr zu leisten, stark zu werden. Die Kraft der Suggestion sei nichts anderes als die Kraft, die die Menschen in ihrem Willen besitzen und die durch die Rituale der Heilung aktiviert werde.

Aber die Suggestion ist anfällig für den Zufall und den Betrug – manchmal hilft die innere Vorstellung der Heilung, aber oft genug erscheinen die therapeutischen Szenarien wie ein gut gespieltes Theater, das seine Wirkung schon mit dem Verlassen des Raums zu verlieren beginnt. Auf die Suggestion allein ist kein Verlass. Selbstheilung braucht, um wirken zu können, eine tiefere Einsicht in das Geschehen und in die psychische Geschichte der Krankheit oder Krise.

Die Patientinnen und Patienten Mesmers erfuhren in den hypnotischen Sitzungen noch anderes als die Suggestion ihres Willens. Der Schriftsteller und Philosoph Peter Sloterdijk hat dies in seinem historischen Roman *Der Zauberbaum* über Mesmers Heilkunst eindrücklich beschrieben. In dieser Geschichte begegnet 1785, am Vorabend der Französischen Revolution, der junge Arzt Jan van der Leyden dem Marquis von Puysegur, einem Schüler Mesmers und Erfinder des „künstlichen Somnambulismus", der später Hypnose genannt wird. Unter dem Zauberbaum, der Dorfulme des kleinen Dorfes Bucancy, erprobte der Marquis „in einem befremdlich anmutenden öffentlichen Arrangement (….) die Wirkungen des rätselhaften Verfahrens an seinen Untergebenen und den Bauern der Region, später (als sein Ruf weltweit bekannt wurde) auch an anderen Patienten" (Sloterdijk 1987, S. 16). Die Menschen erlebten dort im Prozess der Heilung das, was wir heute *Selbsterfahrung* nennen. Sie erlebten, was es heißt, die eigene Seele zu erfahren. „Halten Sie aus (…) Bleiben Sie im Fluß! Heißen Sie alles willkommen, was jetzt in Ihnen aufsteigt!", lässt Sloterdijk die Figur seines Heilenden unter dem Zauberbaum zu seinen in der Trance träumenden Patientinnen und Patienten sagen (Sloterdijk 1987, S. 258), und diese Loslösung des Willens aus der Blockade des kontrollierenden Ichs und die tiefe Erfahrung der seelischen Kränkungen sind der Beginn ihrer inneren Freiheit.

Selbsterfahrung ist kein einfacher Weg. Dies ist die zweite fundamentale Erkenntnis in der Heilungspraxis des Arztes Mesmer, die sich in der Erkenntnis Sigmund Freuds von der Bedeutung des Unbewussten fortschreibt. Der Weg der Selbsterfahrung verlässt die Pfade der Vernunft und führt ins Dunkle der Psyche. Selbsterfahrung ist auch und vor allem eine Begegnung mit dem Verdrängten und oft auch Unerträglichen in unserer inneren Welt. Diese Innenwelt bleibt unserem Bewusstsein verschlossen, weil wir alle unsere frühen schmerzhaften Erfahrungen, unsere bedrohlichen Wünsche, unsere verbotenen Gefühle in unserem Unbewussten verbergen, sie immer wieder zu unserem Schutz verbergen müssen. Der Hass auf den Menschen, der uns verlassen hat, die Wut und der Neid auf die Anderen, die etwas besitzen, was wir begehren, die hilflose Abhängigkeit, die wir von anderen Menschen verspüren, die unstillbare Gier nach Anerkennung – all dies sind Gefühle, die wir gut vor uns verbergen müssen, damit sie uns nicht überwältigen oder zutiefst beschämen.

Aber wir haben diese Gefühle in uns. Sie sind nicht verschwunden, wenn wir sie verdrängen. Wenn wir ihnen nicht begegnen, können sie uns mehr und mehr psychisches Leiden verursachen. Verdrängte Gefühle können bewirken, dass wir immer wieder in die gleichen Fallen in unseren Beziehungen geraten, dass wir an unsere Geschichte gefesselt sind, statt uns mit ihr zu versöhnen. Sie können Stillstand bewirken und uns in der Vergangenheit festzurren. Wie können wir uns dieser unerträglichen, dieser verdrängten Welt so nähern, dass wir sie verstehen und so ertragen können, dass wir uns freier auf andere

Menschen, auf neue Herausforderungen gelassener und friedvoller zubewegen können?

Franz Anton Mesmer hatte darauf die Antwort des Magnetismus, der heilenden unsichtbaren Ströme. In seinen Sitzungen erlebten die Menschen eine Form der Trance, die sie auf den Weg ihrer verdrängten Gefühle brachte. Für Mesmer sollten sich diese Gefühle in dramatischen Zuckungen und sichtbarer körperlicher Ekstase zeigen. Je dramatischer die Reaktion war, umso größer schien die Befreiung vom nervlichen Leiden zu sein. Aber Selbsterfahrung braucht kein Drama, kein Spektakel. Sie braucht, wie es seine Schülerinnen und Schüler bald herausfinden, vor allem stille und sichere Entspannung und innere Konzentration. Nach Mesmer wird im 19. Jahrhundert dieser Weg daher nicht mehr Magnetismus, sondern Hypnose heißen. Der sanfte Wachschlaf, der Zustand tiefer Entspannung, so fanden es die ersten autodidaktischen Therapeutinnen und Therapeuten dieser Zeit, minderte die Angst des Menschen vor der Begegnung mit sich selbst, die Nerven werden ruhig, die Muskeln entspannen sich, die Angst nimmt ab, die Begegnung mit den verdrängten Gefühlen verliert in diesem Zustand tiefster Entspannung ihre Bedrohlichkeit. Die Erfolge der Hypnose sind überzeugend und erreichen schließlich auch die akademische Welt – Sigmund Freud selbst hat in den Pariser Vorlesungen des Arztes Charcot zur Methode der Hypnose im späten 19. Jahrhundert den Weg zur Psychoanalyse gefunden und von dort den Schritt in die „Welt des Unbewussten" (Zweig 2018, S. 191) gewagt.

Franz Anton Mesmers frühe und noch unausgereifte Erkenntnis von der Heilung durch Selbsterfahrung ist im zwanzigsten Jahrhundert zu einem festen Bestandteil der wissenschaftlich begründeten Psychotherapie geworden, die die Verdrängung und Abwehr der Gefühle als wesentliche Quelle für psychisches Leiden erkennt. Dazu braucht es keine Inszenierungen, keine Zaubereien und kein präpariertes Wasser mehr, keinen Tiefschlaf und keine besonderen hypnotischen Kräfte charismatischer Therapeutinnen und Therapeuten. Wir haben, so hat es Sigmund Freud gezeigt, einfachere Quellen, um uns dem Unbewussten zuzuwenden – unsere Träume, unsere Erinnerungen, unsere Phantasie, unsere Sprache, auch die Sprache des Körpers und die Sprache der Bilder und der Musik, mit der wir beschreiben und ausdrücken können, wie wir uns fühlen, wie wir uns in der Welt erleben. Dazu brauchen wir eine eigene Zeit, aber mehr noch einen besonderen Ort, der diese Begegnung mit uns selbst zulässt, ohne Angst, im aufmerksamen Zuhören. Für Sigmund Freud bedeutete Psychotherapie vor allem Sprechen und Verstehen in einer Atmosphäre der *gleichschwebenden Aufmerksamkeit* und vor allem der *Freiheit von Furcht*. In der ruhigen und geduldigen Begegnung, dem Vertrauen und der Wertschätzung des therapeutischen Geschehens können wir, so war es die tiefe Überzeugung Freuds, uns selbst ohne die Angst einer Verurteilung unserer Gefühle besser erfahren. Wir beginnen, unser Unbewusstes zu verstehen. Über die Erfahrungen unseres Unbewussten können wir allmählich in unserem Bewusstsein benennen, was uns quält und daran hindert, als Person zu wachsen.

Die Spuren Mesmers sind heute in allen psychotherapeutischen Bereichen zu finden, in denen es darum geht, Menschen aus chronischen oder schweren Stresssituationen herauszuhelfen. Methoden wie etwa Autogenes Training, Yoga oder Meditation zielen auf die Kräfte der Selbstregulation des Körpers und des Geistes und sind mittlerweile Standard in allen Rehabilitationskliniken zu Burnout und Depression. Mit den Mitteln der Suggestion haben sie großen Einfluss auf unser komplexes

Nervensystem und können eine größere Entspannung und Gelassenheit herbeiführen. Die Arbeit an verdrängten Gefühlen und schmerzhaften Erinnerungen und schweren psychischen Belastungen in der individuellen Lebensgeschichte ist eine Selbstverständlichkeit in der psychotherapeutischen Traumatherapie. In allen diesen Ansätzen wurzelt noch immer die Sehnsucht und der Anspruch der Menschen nach ganzheitlicher Heilung, nach Zusammenfügung eines zersplittert wahrgenommenen Körpers oder einer zerrissenen Lebensgeschichte. Diese Sehnsucht hat die Menschen in Wien und Paris in die Zauberwelt der Räume und der Hände Franz Anton Mesmers gebracht, sie hat sie in das Arbeitszimmer Sigmund Freuds geführt und dort, auf der Couch den Gedanken nachhängend, über ihre nächtlichen Träume und ihre tiefen, tiefen Ängste sprechen lassen. Mesmers erste therapeutische Versuche sind der Anfang einer Psychotherapie, die sich in die Seelenlandschaften wagt und mit der Psychoanalyse und allen daraus entstandenen Therapieansätzen weitergedacht wurde. Wir wandern heute mit der Hilfe der Psychotherapie durch unsere Seelenlandschaften, wir schenken unseren Träumen Beachtung, wir lassen unsere Phantasie schweben, wir verlassen in der Therapie für eine Weile behütet und geführt vom Therapeuten, der Therapeutin, die Pfade der Vernunft und wenden uns unserer einzigartigen Individualität zu. Wir heißen uns willkommen.

Sei selbständig und unabhängig. An diesem Ziel kommen wir nicht vorbei, wenn wir in der vernunftgeleiteten modernen Gesellschaft teilhaben wollen. Aber wenn wir uns heute an diesem Therapieziel, diesem Lebensziel mit unserer Energie ausrichten wollen, lohnt es sich, zurück in die Geschichte der Psychotherapie zu blicken. Wie Stefan Zweig sehen wir dann, dass es keine Unabhängigkeit des Menschen gibt, ohne seine Tiefe und die Bedrängnisse der Seele zu kennen. Wie sehen mit ihm eine große Bereitschaft der Menschen, auf dem Weg zur Heilung alles, wirklich alles anzuschauen, was sich in ihnen ausdrückt. Wir sehen den Mut der Entdecker der Seelenkunde Franz Anton Mesmer und Sigmund Freud, ihren Anspruch auf eine offenere Wissenschaftlichkeit, auf die Erforschung und intellektuelle Auseinandersetzung mit dem, was die Medizin schon immer auch war – sie war und ist nicht allein Reparatur von Körperteilen und Nervenleitungen, sondern immer auch Heilkunst der Seele.

Diese Heilkunst der Seele verlangt von uns ein Paradox – wenn wir selbständig und unabhängig sein wollen in dieser Welt der Vernunft, müssen wir uns auch in unsere Landschaften der Unvernunft wagen. In diesen tief in uns verankerten Landschaften sind wir nicht selbständig und unabhängig. Dort sind wir zornig, wütend, traurig, leidenschaftlich, gierig, neidisch, größenwahnsinnig, unsterblich, ohnmächtig und voller Sehnsucht nach endloser Liebe und Anerkennung. Wenn wir diese Gefühle unentwegt verdrängen müssen, wenn wir sie nicht als einen Teil unseres Selbst annehmen und verstehen können, ist unser Leben eingeschränkt, wir verlieren unsere innere und oft genug auch äußere Freiheit. Wir werden abhängig von ihnen. Mesmer und Freud zeigen uns, dass es einen Weg zu diesen verdrängten Gefühlen gibt. Die Erfahrung unseres Selbst und unserer inneren Geschichte nimmt den Druck von der Seele und kann, wenn sie in Respekt und sicherem Halt geschieht, eine tiefe Hilfe sein, wenn wir in einer Lebenskrise eine Heilung unserer Seele suchen.

Entscheidend aber für uns Menschen ist, dass diese Wege der Seelenkunde kein Wunder sind, kein Geschehen außerhalb dieser Welt. Es ist ein Geschehen innerhalb unseres Menschseins, und es geschieht aus unserer eigenen inneren Kraft. Wir brauchen die Hilfe aller Formen der psychotherapeutischen Heilkunst – ob im Gespräch, in der Musik, dem Spiel, der Meditation, dem tröstenden, aufrichtigen Wort zur richtigen Zeit – dazu, diese innere Kraft zu entdecken und ohne Furcht in dieses Innere hinzusehen und zu verstehen. Alles, was im Prozess der Heilung geschieht, ist Teil von uns. Heilung ist möglich, weil sie aus uns selbst geschieht.

Literatur

Leising, Daniel, Rogers, Katherine, Ostner, Julia (2009). The Undisordered Personality: Normative Assumptions Underlying Personality Disorder Diagnoses. Review of General Psychology 2009, Vol 13, No 3, 230 – 241.

Sloterdijk, Peter (1987). Der Zauberbaum. suhrkamp Taschenbuch.

Zweig, Stefan (2018). Die Heilung durch den Geist. Mesmer, Mary Baker-Eddy, Freud. Insel, 1931, Neuausgabe edition holbach.

Reden wir über etwas anderes

Die Stimme der Psychotherapie ist die Stimme der Expertinnen und Experten. Wer über Psychotherapie etwas wissen will, muss die Fachbücher studieren, die Ratgeber lesen, die Wochenmagazine in den Zeitungen lesen, Vorträge besuchen, Podcasts hören. Erfahrene Psychotherapeutinnen und Psychotherapeuten nehmen hier Stellung zu aktuellen Ereignissen und geben ihre Einschätzungen ab. Sie erklären die Spannungen in Paarbeziehungen, die Ursachen für Familienkonflikte oder für Burnout und Depressionen, machen Vorschläge zur Bekämpfung der Angst oder zur Gestaltung eines harmonischen Weihnachtens in der Familie. Psychotherapie ist, so scheint es, Expertenwissen, bestehend aus fachlich begründeten Ratschlägen, Theorien, Forschungsergebnissen, Wissenschaftlichkeit und gesättigter Erfahrung aus den Therapiezimmern.

Klein und farblos erscheinen die, die Hilfe brauchen – erscheinen sie überhaupt auf der glänzenden Folie des

Expertenwissens? Sind die Hilfesuchenden, die Menschen, die unter ihren psychischen Belastungen leiden, in dieser Welt der Expertinnen und Experten nicht oft genug nur Studienobjekte, an denen anschaulich die jeweilige psychologische Diagnose, die psychotherapeutische Theorie, die Methode und ihre Anwendung im zeitlichen Verlauf beispielhaft dargestellt werden kann? Oder sind sie, die Hilfesuchenden, schlimmstenfalls sogar nur Dekoration, Schmuck des psychotherapeutischen Könnens, im Tarngewand des seriösen Fallbeispiels?

Wir möchten kein solcher Fall sein. Wir wollen mehr als ein Termin, eine Karteikarte, eine Akte sein. Wir wollen, wenn wir in einer Therapie Hilfe suchen müssen, in unserer Lebensgeschichte, in unserem Leid, in unserer Not, aber auch in unserer ganz eigenen Kraft gesehen werden. Wir wollen, dass unsere Geschichte gehört wird, dass sie wichtig ist, für uns selbst ebenso wie für Andere, die sie hören und – vielleicht – sogar lesen wollen. Dazu brauchen wir Gegenbilder zur Welt der Diagnosen, Methodendiskussionen, Forschungsergebnisse. Wir brauchen Geschichten und Erzählungen aus der Welt der Betroffenen, die selbst psychisches Leid erlebt haben, die den Möglichkeiten der Psychotherapie in ihrer Lebensgeschichte begegnet sind. Diese Gegenbilder helfen uns auf unsere eigenen Suche nach dem, was für uns bedeutsam ist, was uns mit ihnen verbindet, was uns trennt. Sie sind Orientierung, loser Faden, Beispiel, das uns unsere eigene Geschichte verständlicher macht. Denn erst in der erzählten Lebensgeschichte eines Menschen, der psychisches Leid erlebt hat, entsteht eine Annäherung an die Wahrheit dessen, was Psychotherapie bedeutet, was sie leisten kann, welche Grenzen sie setzt, wen sie ausschließt, wen sie hineinlässt. Erst die Erfahrung entlässt die Psychotherapie aus dem Elfenbeinturm des Expertenwissens. Erfahrung bedeutet Leben. Die Lebensgeschichten der

Menschen bilden den Kontrast, das Gegenbild zum Fall. Ohne dieses Gegenbild wäre die Psychotherapie (und auch das Schreiben darüber) nicht wahrhaftig, sie wäre selbstbezogen, nicht fähig, zu lernen. Sie würde nur sich selbst erzählen.

Der Schriftsteller Thomas Melle redet über etwas anderes. Er erzählt die Geschichte seines Abstieges aus der Welt der sozialen Normalität mit ihren Forderungen von Anpassung und Gelingen. Erbarmungslos und mit schmerzhafter Entblößung legt er in seinem 2016 erschienenen Buch *Die Welt im Rücken* seine psychische Krankheit offen. Nichts wird beschönigt, nichts in den Fachbegriffen des Expertenwissens auf Distanz gebracht. Die Wunde bleibt offen. „Allein das Wort *bipola*r. Das ist einer jener Begriffe, die andere Begriffe verdrängen, da sie der Sache angeblich gerechter würden, indem sie der Benennung das diskriminierende Element nähmen. Getarnte Euphemismen, die ihrem Gegenstand durch Umtaufung den Stachel ziehen sollen. Letztendlich passt der alte Begriff „manisch-depressiv" aber, in meinem Fall, viel besser. Erst bin ich manisch, dann depressiv: ganz einfach. Erst kommt der manische Schub, der bei den meisten ein paar Tage bis Wochen, bei wenigen bis zu einem Jahr dauert; dann folgt die Minussymptomatik, die Depression, die völlige Verzweiflung, solange sie nicht von fühlloser Leere aufgelöst und ins dumpfe Amorphe verformt wird. (…) Ich bin einer derer, die die Jahreskarte gezogen haben. Wenn ich abrutsche oder hochfliege, dann für lange Zeit. Dann bin ich nicht mehr zu halten, ob im Flug oder im Fall." (Melle 2016, S. 14 f.).

Das Buch berichtet die Chronologie der drei schweren manisch-depressiven Schübe, die Thomas Melle erlitten hat – 1999, 2006 und 2010. Thomas Melle ist ein Arbeiterkind, ein Einzelkind, aufgewachsen in schwierigen Verhältnissen bei seiner Mutter, die selbst von Depressionen und Suizidgedanken gezeichnet ist. Vater und Stiefvater erscheinen am Rand der Erzählung, wir erfahren nur das Nötigste über die beiden Väter, der eine verschwindet immer wieder ins Nichts, der andere ist ein Trinker, gewalttätig, die Polizei ständiger Gast. Aber Thomas Melle ist ein begabtes Kind, er verschwindet nicht in dieser Familie, er wird auf ein Gymnasium gehen, bekommt ein Stipendium für ein berühmtes Internat und später für sein Studium, er findet Förderer und Unterstützer, die sein Talent zum Schreiben sehen und ihn zur Literatur ermutigen.

1999, 24 jährig, nach den ersten Jahren des Literaturstudiums in Tübingen und später in Berlin, das erste Buch, ungedruckt, ist geschrieben, die erste Idee des kommenden Schriftstellers ist in ihren Konturen erkennbar, da erwischt ihn der Wahnsinn der Manie mit voller Wucht. „Es beginnt also mit einem Gefühlsüberschuss. Ein Schock durchfährt die Nerven, Kaskaden von ungerichteten Emotionen schießen hinab und schwappen wieder hoch. Die Empfindung völliger Haltlosigkeit stellt sich ein. Unter der Haut wird es heiß. Der Rücken brennt, die Stirn ist taub, der Kopf leer und gleichzeitig übervoll: Neuronenschwemme." (Melle 2016, S. 42). Die Freunde sind ratlos, sie sagen: etwas stimmt nicht. Das Drama der Psychose beginnt. Die Zeit rast. „(…) jeder Tag fetzt an einem vorbei, nein, man fetzt vielmehr durch die Tage hindurch" (Melle 2016, S. 84), die Gedanken stürzen, die Paranoia entwickelt sich im Geschwindigkeitsrausch, das WG Zimmer ist keine Zuflucht mehr. „Ich musste mich bewegen, sprang auf, betrachtete die Wand, in der winzige Farbbläschen zu sehen waren. Diese Bläschen folgten einer Absicht. Was verbarg sich dahinter? Äußerungen verschiedenster Menschen schossen mir durch den Kopf. *Richtmikrofone* hatte einer gesagt, unterirdische Katakomben ein anderer. Waren hier Kameras?" (Melle 2016, S. 52).

Die Menschen, die Freunde, mit denen er zusammen ist, weichen vor dem Wüten, dem Redeschwall, der Paranoia zurück, in der Innenwelt wie auch in der äußeren Wirklichkeit. Thomas Melle erlebt die erste Einweisung in die Psychiatrie, die erste Begegnung mit Medikamenten, die ersten Gespräche mit anderen psychischen Kranken und mit den Ärztinnen und Ärzten dort. Als der manische Schub nach quälend langen Monaten von der Depression abgelöst wird, kommen die Suizidgedanken, der erste Suizidversuch, die nächste Klinikeinweisung. Aber irgendwann wird es wieder besser, als wäre das nur eine vergangene Episode im beginnenden Schriftstellerleben gewesen.

Zum Jahreswechsel 2006, Thomas Melle hat mittlerweile die ersten schriftstellerischen Erfolge, schreibt für das Theater, sitzt an einem Roman, die ersten größeren Engagements zeichnen sich ab, kommt, für ihn völlig unerwartet, der nächste Schub. „An die Krankheit kein Gedanke, das heißt, doch, natürlich, aber als etwas Abgeschlossenes, textlich zu verarbeitendes. …Dass sie nur das Vorspiel für zwei wesentlich heftigere Ausbrüche sein sollte, kam mir nicht in den Sinn." (Melle 2016, S. 140). Und während die Aufmerksamkeit der literarischen Welt an seinen Arbeiten immer weiter zunimmt, sinkt der Schriftsteller immer tiefer in die Manie. Klinikaufenthalte wechseln sich mit heftigen Ausfällen, Wutausbrüchen, bekämpft und zugleich gesteigert mit Alkohol- und Sexexzessen. Die Manie richtet sich gegen die Menschen, die Welt, die Dinge. Die sozialen Folgen des Wahns zeichnen sich ab, die Katastrophen in der Wirklichkeit nehmen Fahrt auf. Thomas Melle berichtet in kurzen Sätzen über diese Realität der Krankheit, deren verheerende Folgen für seine Lebensführung von den Lesenden nur gedacht werden können. „Die ersten Freunde gaben auf und wandten sich ab", „Das Geld ging aus" „Ich begann meine Bücher zu verkaufen" (Melle 2016, S. 161). Die Welt der Bücher, die „Welt im Rücken", an der, wie Thomas Melle schreibt, sein Herz hing, die er liebte, die er als Teil seines Lebens brauchte, geht in diesem manischen Verkauf unter. Was bleibt, sind wüste Tage, Wochen und Monate tiefster Verwirrung. Die Psychiatrie wird zur zweiten Haut. „Die Wunden heilten langsamer, die Narben wuchsen schneller. Weitere Klinikaufenthalte folgten, Stillstellungsmaßnahmen, Haldolgaben, Selbstentlassungen." (Melle 2016, S. 176). Es wird ein langes Jahr, absurde Begegnungen mit der Polizei, Hausverbote in Kneipen und Clubs, hektische Fahrten durch die Republik, Hamburg, Bremen, Oldenburg, Bonn, Wuppertal, folgen. Wieder zurück in Berlin, das Jahr 2006 endet gerade, findet der Verstand wieder langsam zu sich zurück, und damit beginnt die Depression. „Es wurde schwarz" (Melle 2016, S. 194), der nächste Suizidversuch, die nächste Klinikeinweisung folgen, der Nullpunkt ist erreicht.

Schließlich der, wie Thomas Melle heute hofft, letzte Schub im Jahr 2010. Eine echte Erholung hat nach dem zweiten Krankheitsschub nicht stattgefunden. Eine „Grundzerstörtheit" (Melle 2016, S. 210) bleibt zurück. „Es war nicht mehr ganz zu kitten" (Melle 2016, S. 210). Aber das Schreiben, das Übersetzen, die Arbeit mit und am Theater ist in diesen Jahren zwischen den Schüben noch möglich, „ich hatte neue Ideen" (Melle 2016, S. 210). Aber diese Ideen zerbröseln immer mehr im manischen Wahn, die Bücher und Theaterstücke, die noch geschrieben werden müssen, sind gefährdet. Dinge passieren, fast gelöscht aus den Erinnerungsfetzen – eine Papiertonne im Hinterhof brennt, andere Mieter ziehen erschreckt aus, Drohbriefe werden geschrieben, die Polizei kommt und nimmt den mittlerweile gänzlich von Exzessen und emotional marodierenden Ausfällen verstörten Schriftsteller mit. „Es gibt tausend Anzeigen" (Melle 2016, S. 264), sagt der Polizist. Jetzt wächst der Schuldenberg an, die Wohnung wird gekündigt, Aufenthalte in der Suchtstation und in Übergangsheimen folgen, die Antrags- und Bescheide-Bürokratie der letzten sozialen Hilfesysteme, die jetzt noch infrage kommen, übernimmt das Ruder. „Das Leben war bereits umstellt und belagert" (Melle 2016, S. 312). Im Frühjahr 2011 ebbt dann auch diese Welle langsam wieder ab, sie hinterlässt körperliche, mentale, psychische und soziale Zerstörungen.

Aber eine Einsicht wächst in Thomas Melle, dass dies eine Krankheit ist, die nicht verdrängt, nicht geleugnet werden darf. Sie bedarf einer lebenslangen Behandlung – und damit auch der inneren Beachtung. Ein Oberarzt einer psychiatrischen Klinik legt schließlich die Spur zu der Bereitschaft, sich auf eine Langzeitmedikation von Lithium einzulassen. „Ich begann, das Lithium zu nehmen (…), nahm es das erste Mal in der kleinen Küche meiner neuen Wohnung ein. (…) Eine Helligkeit schien in meinen Kopf zurückzukehren…Innerhalb von Tagen zerfiel das längst verknöcherte Wahnkonstrukt, das ich fast anderthalb Jahre mit mir herumgeschleppt hatte, zu Staub, und die hypertrophen Gefühle erstickten endlich." (Melle 2016, S. 316 f.). Wie aber überstand Thomas Melle diesmal die Depression, die unweigerlich auf diesen Zerfall des manischen Wahns folgen musste?

Ella, eine Freundin, eine Liebe, wird mit dem langsam zu sich zurückkehrenden Schriftsteller in einer schwierigen, trauernden, in vielen Momenten immer wieder schönen Beziehung ausharren. „Sie hielt mich in diesen Wochen und Monaten über Wasser, ohne ein Thema draus zu machen. Mal brachte sie mir „Kinderessen" vorbei, Fischstäbchen mit Kartoffeln und Gemüse, die von ihren Töchtern übrig waren, mal gingen wir ins Kino. Dann saßen wir wieder einfach auf ihrem Sofa und redeten oder sahen uns eine Serie an oder lasen uns etwas vor, dann fuhren wir durch die Stadt und frühstückten und gingen am Schlachtensee spazieren. Was sich hier wie langweilige Normalität liest, war eine Art Wunder." (Melle 2016, S. 324).

Die Dankbarkeit über dieses Wunder, dieses scheinbar beiläufige liebevolle Ausharren im Alltag, scheint auch im Buch in den stillen Sätzen über diese Zeit, mit dieser Frau, mit diesem Menschen, wie ein kleines Leuchten durch. „Drei Jahre waren es, immerhin, und wenn man Pathos nicht meiden muss, so kann man sie wohl lebensrettend nennen." (Melle 2016, S. 328). Und andere Freunde können jetzt helfen – bei der Ordnung der Finanzen, bei der Suche nach einer neuen Wohnung, bei den Kontakten zu den Verlagen, dem Literaturbetrieb, den Abschlussarbeiten an einem Roman, dem Aufbau einer wiedergefundenen Normalität des Alltags.

Im Jahr 2016 beendet Thomas Melle das Schreiben an diesem Buch, dieser sehr persönlichen literarisch wahrhaftigen Krankheits- und Leidensgeschichte, die ohne jedes Selbstmitleid, ohne jede narzisstische Selbstdarstellung auskommt. „Ich atme durch", schreibt er, „seit zwei Jahren. Nicht alles ist Krankheit, nein, man kann auch ganz normal mit mir reden. Bald werde ich die letzten Schulden abbezahlt haben. Irgendwann muss ich die Akten ordnen und alles abschließen." (Melle 2016, S. 342). Die Krankheit, das weiß er, wird bleiben, sie ist, wie er schreibt, „meine Heimat geworden" (Melle 2016, S. 342), sie wird weiterhin über seiner Zukunft liegen. Die Angst wird ihn begleiten, „mein Inneres weiter zu verlieren, so wie ich meine Bücher verloren habe" (Melle 2016, S. 343). Aber es gibt Hoffnung. Wer das überstanden hat, wird den Kampf gegen die nächste Manie, die nächste Depression, die ihn ins Knochenlose zu verformen droht, wieder aufnehmen können. „Ich werde mir die Knochen schon wieder erarbeiten. Sollte ich eine weitere Manie haben, möge mir jemand dieses Buch in die Hand drücken. Sollte ich wieder dem Wahn verfallen, werde ich es als Schicksal hinnehmen. Ich meinte schon nach der zweiten Manie, eine dritte würde ich nicht überleben. Habe ich aber. Würde ich wieder. Ich mag mich wieder umbringen wollen, irgendwann. Dann werde ich dennoch weiterleben." (Melle 2016, S. 348).

Nur einen kurzen Abschnitt in seinem Buch widmet Thomas Melle der Möglichkeit einer Psychotherapie. Einer wie er, mit dieser Geschichte, mit dieser Kindheit, so meinen die Freunde, müsse doch eine Therapie machen, es sei nahezu fahrlässig, diese Chance der Auseinandersetzung mit der Krankheit und ihrer Geschichte auszulassen. Aber Thomas Melle fällt ein schroffes Urteil über diese Möglichkeit einer professionellen psychotherapeutischen Hilfe. „Mein Widerwille gegenüber Psychoanalytikern und anderen Laber- und Schweigedoktoren bestand allerdings schon seit je." (Melle 2016, S. 202). Das ist nicht seine Welt. Die Welt der Therapie scheint ihm eine selbstverliebte, selbstgefällige Angelegenheit eines gelangweilten bürgerlichen Daseins zu sein. Sie sei, so schreibt er, denen vorbehalten, die ihre eigene banale Biografie zum „antiken Mythos" stilisierten, sich als Nachfahren von Ödipus und Elektra „hochpimpten" (Melle 2016, S. 202). Das Ergebnis dieser Stilisierung ihrer Probleme in und durch die Therapie seien, so Melle „kleine, ichige Biester", egozentrische Menschen, die „die Banalität der stets begradigten Lebensläufe einfach nicht aushalten können." (Melle 2016, S. 202).

In dieser kleinen, ichbezogenen, bürgerlich-hochnäsigen Welt fühlt sich Thomas Melle, das „Kohlenkellerkind", in seinem Leiden nicht zugehörig. Denn wird das Ausmaß seines Leidens dort überhaupt geduldet oder wenigstens gesehen? Nach einem weiteren Selbstmordunternehmen in der Zeit des zweiten Krankheitsschubes, diesmal versucht er es mit einer Kabelschlaufe um den Badezimmerheizkörper, ist auch der Versuch mit einer Psychotherapie beendet. „Diesmal gab es eine Strangmarke. Mein selbstverliebter Therapeut sah sie nicht, und ich ging nicht mehr hin." (Melle 2016, S. 201).

Der Vorwurf, dass Psychotherapie einer kleinen Welt angemessener bürgerlicher Probleme – Liebe und Arbeit eben – vorbehalten sei, begleitet die Geschichte der Psychotherapie seit ihrer Professionalisierung zu Beginn des 20. Jahrhunderts. Die Voraussetzungen für eine psychoanalytische Therapie waren groß – ein Weg durch die Stadt, manchmal durch ein ganzes Land, musste zurückgelegt werden, eine Türschwelle war zu überwinden, Treppen waren hinaufzusteigen in die Therapiezimmer. Worte mussten gefunden werden, Regeln mussten aufgestellt und eingehalten werden, Geld musste bezahlt werden. Vieles davon hat sich bis heute gehalten. Noch immer sind die Voraussetzungen gewaltig, Wartelisten, Anmeldevorgänge, Zahlungsvereinbarungen erwarten Anpassung von den Hilfesuchenden und – das auch – Unterwerfung unter die Mechanismen der professionellen Psychotherapie.

Von der Unmöglichkeit dieser Voraussetzungen berichtet das Bild, das Thomas Melle hier entwirft. Psychotherapie ist in diesem Bild ein Luxus, ähnlich wie der Zweitwagen oder eine Ferienwohnung auf Sylt. Man leistet sie sich als eine Art Lebensbegleitung, friedlich sitzen der Therapeut oder die Therapeutin und der Klient, die Klientin zusammen und halten sich an die Regeln – 50 Minuten pro Sitzung, regelmäßige Bezahlung, Einhaltung der Termine, angemessene Distanz zwischen den Stühlen, keine Störung durch das Handy, kein Geschrei, keine Wutanfälle, kein gedankliches Herumfetzen, nur ruhiges Gespräch, Schweigen und Tränen sind im gesetzten Zeitrahmen erlaubt. Wer sich nicht daran halten kann oder halten will, wem die Probleme so über den Hals wachsen, dass die Zeiten nicht mehr eingehalten werden können, eine Bezahlung nicht mehr möglich ist, die Worte sich verheddern und aus dem Ruder geraten, wer aus den Rändern unserer normalen Welt herausfällt, bewehrt – wie Thomas Melle am Tiefpunkt seiner Verluste angelangt – nur noch mit dem geklauten Einkaufswagen, wer eine Geisterexistenz führt, wer die Strangmerkmale am Hals trägt, droht in dieser Form der Psychotherapie nicht gesehen zu werden. Ihm bleibt das Verschwinden in der Psychiatrie vorbehalten, eine letzte Notfallhilfe, wenn der Wahn und das Leid zu groß werden.

Wer die Leidensgeschichte von Thomas Melle liest, findet eine gespaltene Landschaft psychotherapeutischer Hilfe. Es sieht darin so aus, als gäbe es zwei Welten der Seelenhilfe. Die eine, geordnet, geregelt in Abläufe, gefüllt mit Voraussetzungen und Vorannahmen, ist die Welt der Psychotherapie, wie wir sie zu kennen glauben. Sie ist Teil der Lebensführung geworden, für viele Menschen mittlerweile eine – wenn auch verschwiegene – Selbstverständlichkeit, sie haben die Disziplin für die Regeln, finden eine Sprache, erkennen die Bedingungen an. Die andere ist die Welt der Psychiatrie, der äußersten Notfallhilfe, dorthin sind diejenigen für eine Zeit aufgehoben, deren psychische Störungen, ihr Ausmaß, ihre Form, ihre Schwere, ihre soziale Unmöglichkeit, die Regeln der Psychotherapie durchbrechen. Wer die Erfahrung der Psychiatrie gemacht hat, hält, so wie es Thomas Melle hier schroff und spottend tut, der Psychotherapie einen Spiegel vor. In diesem Spiegel, gehalten von einem Menschen, der die psychische Krankheit bis in ihre letzten Winkel ausbuchstabieren kann, ist zu sehen, wer diese Welt betreten darf und wer von ihr abgewiesen wird. In diesem kritischen Blick ist auch die Selbstverliebtheit dieser Welt zu sehen, die auf Kongressen und Tagungen ihre gut sortierten Fälle schildert, aber die Strangmerkmale nicht sieht. Es ist eine Welt, so erlebt sie Thomas Melle, in der das therapeutische Wissen einer Selbstinszenierung folgt, die mehr wiegt als die bloße, die einfache Sorge.

Aber diese beiden Welten sind nicht die ganze Wahrheit der Psychotherapie. Zwischen der nüchternen Leistung der Psychiatrie und der voraussetzungsvollen Psychotherapie gibt es ein Drittes. Dieses Dritte heißt Hilfe. Sie ist das wesentliche Element aller Psychotherapie. Ohne diese Hilfe verdient das Geschehen in der Therapie, wo und wie auch immer sie stattfinden mag, den Namen Psychotherapie nicht. Wenn die Hilfe für uns spürbar ist, wenn sich die Hilfe entfalten kann, ist die Psychotherapie wie eine Geburt, die Geburt eines Ichs, das heilen kann, das sich mit sich selbst und der Welt versöhnen kann. Die erfahrene Hilfe ist die Wahrheit der Psychotherapie.

Die französische Schriftstellerin Marie Cardinal hat über ihre Erfahrungen einer sieben Jahre dauernden Psychoanalyse in Paris ein berühmtes Buch geschrieben, das zu den Klassikern der Literatur über Psychotherapie gehört. *Schattenmund* – im Original *Les mots pour le dire* – ist 1975 erschienen, es wurde ein immenser Erfolg, millionenfach verkauft, in mehr als 26 Sprachen übersetzt und gilt bis heute als ein Meilenstein der Frauenbewegung, der Literatur über Psychoanalyse und der autobiografischen Literatur über die Geschichte Frankreichs im zwanzigsten Jahrhundert, die Erfahrungen der Kriege, die beginnenden gesellschaftlichen Veränderungen vor den Toren der 1968er Bewegung.

Die Psychoanalyse ist zu dieser Zeit vor allem in Frankreich ein Ort, an dem die an der streng geordneten bürgerlichen Gesellschaft verzweifelnden Menschen einen Ausweg, eine Zukunft suchen. Die Psychotherapie ist das Vehikel für diesen Weg. Für Menschen, die Hilfe in der

Therapie suchten, war sie kein Luxus, kein Beiwerk. Sie suchten die Auseinandersetzung mit der politischen Vergangenheit der Elterngeneration, mit der eigenen Herkunft, ihren Fesseln, den Spuren, die die Elterngeneration in der eigenen Geschichte hinterlassen hatte und die dazu führten, dass die Gegenwart in Frankreich in den 1960er Jahren wie erstarrt wirkte. Die alten Vorstellungen, wie eine Frau, ein Mann leben soll, sind zu dieser Zeit wie eine graue innere Mauer, die den Weg zur Freiheit versperrt und krank macht.

Marie Cardinal ist sehr krank, als sie die Psychoanalyse beginnt. Sie leidet unter unerklärlichen, unkontrollierbaren Blutungen, die längst schon den Rhythmus der Menstruation verlassen haben, Tag und Nacht tropft und fließt es aus ihr heraus. „Die Sache", wie sie es nennt, definiert ihr Leben. Die Ärzte wissen keine Antwort, sie suchen, vermuten, sie finden nichts. Zahllose Untersuchungen bleiben erfolglos. Sie verlässt die Wohnung nicht mehr, später nicht einmal das Badezimmer, gefangen zwischen den weißen Kacheln. Dabei wäre alles in ihrem Leben wie im Bilderbuch, sie hat einen gebildeten Mann, drei Kinder, sie ist selbst eine gebildete Frau, hat Philosophie studiert, unterrichtet, sie hat ein ökonomisches Auskommen. Sie ist dreißig Jahre alt, kerngesund, das Leben steht vor ihr. „Und dann war mit einemmal alles vermasselt. Die Sache war aufgetaucht, kam immer wieder und ließ mich nicht mehr los. Sie fraß mich völlig auf, bald konnte ich mich nur noch um sie kümmern…Und eines schönen Tages wachte ich als Gefangene der Sache auf. Ich lief zu allen möglichen Ärzten, aber die Blutungen hörten einfach nicht auf. (…) Ich lebte im Nebel, unscharf, gefährlich." (Cardinal 1988, S. 15).

Marie Cardinal bekommt Halluzinationen, Angstanfälle, die ihr Leben immer mehr einschränken. Sie glaubt, wahnsinnig zu werden. Ihre Familie weist sie in die

Psychiatrie ein, dort soll sie versorgt werden, Medikamente nehmen, versteckt werden vor den Augen der Gesellschaft. Denn sie ist ein Makel in den Kreisen ihrer wohlhabenden Familie. „In einer gewissen Gesellschaftsklasse ist der Wahnsinn verpönt,", so schreibt sie über diese Zeit, „er muss um jeden Preis vertuscht werden." (Cardinal 1988, S. 16). Die Psychiatrie ist ihr keine Hilfe, nur eine weitere Bedrohung, ein weiterer Ort der Angst. Ihr Verstand und ihr Wille begehren auf. Sie flüchtet und findet – auf Empfehlung einer Freundin – den Weg in die Psychoanalyse. Bei einem Psychoanalytiker, dem „Doktor", dessen Räume am Ende einer Sackgasse in einem gewöhnlichen Stadtviertel in Paris liegen, beginnt ihre Geschichte einer Heilung. Sie nennt den Weg, den sie in dieser Zeit zurücklegt, ihre zweite Geburt. Sie dauert sieben Jahre, dreimal in der Woche trägt sie ihre Lebensgeschichte, die sie zugleich als banal und quälend empfindet, dorthin, arbeitet sich mit der Hilfe des Doktors durch ihre Erinnerungen, Träume, ihre Angst und ihre Wut.

Wir erfahren nicht alles, was Marie Cardinal erlebt hat, es gibt Brüche, Auslassungen, Fiktionen in der Geschichte. Es gibt Höhen und Tiefen in ihrer langen Psychotherapie, Stillstand und quälende Schweigephasen im Therapiezimmer, verpasste Termine, Beschimpfungen und Wutanfälle. Es gibt traumatisch aufbrechende Erinnerungen an eine verstörende Kindheit, es gibt Wochen und Monate des Friedens, der langsam sich entwickelnden inneren und äußeren Beruhigung. Noch oft wird Marie Cardinal in diesen sieben Jahren von Angstattacken heimgesucht werden, ihrer Angst begegnen müssen. Aber etwas hält sie in der Therapie, so sicher, dass sie über Jahre hinweg dreimal in der Woche in diese Sackgasse in Paris geht, in dieses stille Arbeitszimmer, zu diesem unscheinbaren Doktor, der mit großer Geduld ihren Worten zuhört, den Prozess ihrer Heilung mit ihr zusammen durchmacht.

Eine erste Schlüsselszene dieser therapeutischen Begegnung ist berühmt geworden, ein fester Bestandteil in den Klassikern der Psychotherapie, weil sie in ihrer Einfachheit erklärt, was das Wesen der Psychotherapie ist. Sie findet gleich zu Beginn statt, in der ersten Therapiestunde. Die Nacht davor, so erzählt es Marie Cardinal, war entsetzlich. „Ich lag schweißgebadet im Bett, hatte fürchterliche Beklemmungen und kriegte kaum Luft… Beim Aufwachsen schwamm ich im Blut." (Cardinal 1988, S. 28). Mit großer Mühe kämpft sie sich zu dieser ersten Stunde, erfüllt von Selbstmitleid, konzentriert darauf, das Blut mit Windeln und Handtüchern aufzufangen. „Herr Doktor, ich bin völlig ausgeblutet!" ruft sei ihm gleich bei ihrer Ankunft voller Dramatik entgegen, sie weiß noch, „dass ich alles tat, um möglichst leidend zu wirken." (Cardinal 1988, S. 29). Aber diesmal geschieht etwas anders, etwas, das sie in ihrer Krankheitsgeschichte von keinem Arzt erlebt hat. Denn der Doktor antwortet: „Das sind psychosomatische Störungen, das interessiert mich nicht. Sprechen Sie von etwas anderem." (Cardinal 1988, S. 29).

Worüber sollte ich sonst reden? fragt sich Marie Cardinal. Wenn nicht über meine rätselhaften Blutungen, die Ärzte, die unerklärlichen Befunde, die Zeit in der Klinik, die lange Leidensgeschichte, worüber dann? „Sprechen Sie von etwas anderem", l'áutre chose", einer anderen Sache. Sprechen Sie nicht über ihr Symptom, nicht über das Blut, nicht über die Gynäkologen, die Nervenärzte, die Klinik. Sie sind nicht krank. Sie sind nicht verrückt. Sprechen Sie über etwas anders. Als würde eine Last von ihr fallen, beginnt Marie Cardinal in dieser ersten Stunde etwas zu verstehen. Der Doktor hat sie nicht wie ein überlegener Arzt belehrt, der in ihr herumsucht, sondern – wie sie schreibt – „ganz normal mit ihr geredet" hat (Cardinal 1988, S. 33). Sie bricht zusammen, aufgelöst in Tränen. Ihr wird mit einem Mal klar, dass es eine andere Sache gibt. Sie hängt mit dem Blut zusammen, aber es ist eine andere Sache. Wenn sie die Blutungen in ihren Worten weglässt, sich nicht auf sie konzentriert, dann wird der Blick auf eine immense, furchtbare Angst frei. Sie ist die wahre „Sache". Der Doktor legt die Spur in seinen Worten. Es gibt etwas anderes, worüber wir reden werden. „An diesem Abend wurde mir sonnenklar, daß die Sache das eigentliche Zentrale war, das alle Fäden in der Hand hielt…. Eines war nun sicher: die Sache steckt mitten in meinem Hirn und nicht sonst irgendwo in meinem Körper, auch nicht außerhalb. Ich war allein mit ihr." (Cardinal 1988, S. 32).

Der erste Schritt ist getan. Marie Cardinal schreibt, wie sie in diesen ersten Tagen ihrer Therapie beginnt, ihren Zustand, die eigentliche Sache, ihre Angst, zu akzeptieren. Und ein erstes Wunder geschieht: die Blutungen gehen zurück, sie normalisieren sich. Sie ist nicht mehr Gefangene ihres Symptoms. Sie wird den langen Weg gehen können, ihrer Angst in diesem sicheren Raum der Therapie zu begegnen.

Schattenmund ist in vielen Ländern ein Bestseller geworden, das Buch hat Millionen Menschen Mut gegeben, sich mit der Last ihrer Kindheit auseinanderzusetzen, den schweren Ballast der Generation ihrer Eltern abzuwerfen. Vor allem die Frauen ihrer Generation haben sich in der Geschichte wiedergesehen, sie teilten vielfach die Erfahrung Marie Cardinals, in einer starren patriarchalischen Welt mit ihren Erwartungen an eine funktionierende Frau, Mutter, Geliebte mit ihren Symptomen als „verrückt", „hysterisch", „neurotisch" abgestempelt, nicht ernst genommen zu werden. Für zahllose Frauen war das Buch die Geschichte einer großen Emanzipation, einer psychischen Befreiung der Frauen aus den Fesseln einer von Männern bestimmten gesellschaftlichen Ordnung, in die sich die Frauen fügen mussten, in der sie krank wurden, einsam, in der die Krankheit zur inneren Flucht wurde.

Aber wie *Die Welt im Rücken* ist *Schattenmund* vor allem die Geschichte einer Krankheitsbewältigung, und viel mehr noch, eine Geschichte über die Kraft der Psyche. Eindrucksvoll erhebt sie in beiden Geschichten ihre Stimme. Thomas Melle zeigt uns das Toben der Gedanken, den Sturm, die Taubheit, die unerträgliche Stille im Kopf, die Schönheit der Stunden, wenn es wieder heller wird, wenn die Psyche in ihr Gleichgewicht findet. Marie Cardinal verleiht dem Körper und seiner Sprache Worte, sie zeigt uns die Seele, die im Körper wohnt und ihre Wege sucht, gehört zu werden. Beide SchriftstellerInnen sinken in ihrem Schreiben tief hinab in ihre Lebensgeschichte, ihre schweren und zerstörerischen Erfahrungen, denen ihre Seele ausgesetzt war. Aber sie behalten doch den Kopf oben. Sie schreiben über etwas anderes. Schreiben ist für sie „wie ein Gebet", wie Thomas Melle sagt (Melle 2016, S. 348), eine Therapie, ein Geständnis an sich selbst und an die Lesenden, ein Weg zurück in die Helligkeit, eine zweite Geburt. Beide Berichte sind ein Spiegel für uns, wir sehen uns in ihren Geschichten, manchmal nur als ein Schatten am Rand, aber immer mit ihnen über unser Menschsein verbunden. Ihre Erzählungen verlassen den dürren Ast der Lehrbuchpsychotherapie und beginnen dort, wo wir über etwas anderes reden, etwas, das wichtig ist, existentiell, im weiten und engeren Wortsinn lebensrettend. Hilfe.

Die amerikanische Psychologieprofessorin und Psychotherapeutin Marsha M. Linehan war selbst als junge Erwachsene zwei Jahre lang Patientin in einer psychiatrischen Klinik, ein unglückliches, zutiefst verstörtes Mädchen, das Selbstmordversuche und endlose Selbstverletzungen hinter sich hatte. Marsha M. Linehan hatte sich aus dieser Erfahrung heraus vorgenommen, eine Therapie zu entwickeln, die sich gezielt an Menschen richtet, die Ähnliches wie sie durchgemacht haben, die am Leben verzweifeln, ihre Gefühle nicht mehr kontrollieren können, die starke Selbstmordgedanken haben, sich selbst verletzen oder bereits versucht haben, sich das Leben zu nehmen. Sie war überzeugt, dass jede Psychotherapie sich nicht an der Schwere der Störung, der Krankheit und ihren Symptomen orientieren darf, dass sie nicht entscheiden darf, wem sie hilft und wem nicht. Auch sie spricht *über etwas anderes*. Das Ziel ihrer Psychotherapie ist einfach. Es ist das gegenwärtige, das existentielle, wirkliche Leben der Hilfesuchenden, um das es ihr geht. „You really do have to pay attention to keep them alive first" sagt sie in einem Vortrag, „because therapy, I guarantee, does not work for dead people." (Linehan 2015).

Wenn wir Psychotherapie so denken, dann ist die Zeit mit Ella, die Thomas Melle verbracht hat, ebenso wie die Zeit, die Marie Cardinal mit dem Doktor in der Sackgasse in Paris erlebt hat, Psychotherapie. Sie ist Teil eines reichen Lebens. Sie kann vielfache Gestalten annehmen. Immer aber ist sie in der Wirklichkeit. Sie ist Hilfe für die Lebenden, nicht für die Akte, den Fall, den Tod.

Literatur

Cardinal, Marie (1988). Schattenmund. Rowohlt (Erstauflage 1977)

Linehan, Marsha M. (2015). Balancing Acceptance and Change: DBT and the Future of Skills Training. Vortrag am The Family Institute at Northwestern University, Illinois. https://www.youtube.com/watch?v=JMUk0TBWASc. Aufruf 29. Mai 2022.

Melle, Thomas (2016). Die Welt im Rücken. Rowohlt Berlin.

So ist das Leben – Nach der Therapie

Was geschieht nach einer Psychotherapie? Wie geht es weiter, wenn die Couch verlassen, die Gespräche beendet, die Übungen abgeschlossen, die Ziele erreicht, die Perspektiven besprochen sind? Fängt ein neues Leben an, eine neue Zeitzählung, wird alles leichter, heiterer, erträglicher? Oder bekommen wir nur mehr Übung im Aushalten von Krisen und schweren Zeiten? Sind wir belastbarer, reifer, endlich die beste Version unserer Selbst geworden?

Für Sigmund Freud war das Ziel der Therapie die (Wieder-)Herstellung von Liebes- und Arbeitsfähigkeit. *Liebesfähigkeit* bedeutet für ihn vor allem die Fähigkeit, sich einem anderen Menschen so zuzuwenden, dass dieser nicht den eigenen narzisstischen Bedürfnissen nach Anerkennung oder Aufwertung dienen soll, sondern wirklich so angenommen und geliebt wird, wie er/sie ist – ohne Bedingungen, ohne Egoismus, ohne Ausnutzung.

Arbeitsfähigkeit war nicht als Beitrag zur Leistungsgesellschaft zu verstehen, sondern als die Fähigkeit, in einem schöpferischen und eigenständigen Tun Sinn zu finden. An diese Definition Freuds lehnten sich in den folgenden Jahren zahllose Therapierichtungen an – das Wachsen der Person, die Stärkung des Selbstbewusstseins, die Fähigkeit, liebevolle Beziehungen einzugehen und zu halten, die Zufriedenheit mit einer Arbeit im weitesten Sinn sind auch heute noch erstrebenswerte Ziele in der Psychotherapie.

Die Schönheit dieser Ziele ist fragil – denn halten diese Ziele, wenn sie einmal in der Therapie erreicht zu sein scheinen, die nächste Krise aus? Wir mögen uns nach einer erfolgreichen Therapie liebes- und arbeitsfähig fühlen, stark und gut gerüstet, und dennoch kann uns die nächste Krise kalt erwischen. Denn das Leben ist nicht vollständig kontrollierbar, wir können nicht in die Zukunft sehen. Eine Beziehung, so sicher sie uns auch erschienen sein mochte, kann zerbrechen, ein Arbeitsplatz kann verloren gehen, ein plötzlicher Verlust eines uns nahen Menschen kann uns kalt und erbarmungslos treffen. Wir haben geglaubt, dass die Psychotherapie uns dabei helfen würde, mit den Ungewissheiten des Lebens fertig zu werden, besser gerüstet zu sein, und doch befinden wir uns mit einem Mal wieder in größter Not. Welche Krisen hält das Leben noch für uns bereit und wie werden wir dann damit fertig werden? Werden wir wieder psychotherapeutische Hilfe brauchen? Wird dieses Bedürfnis nach Hilfe irgendwann einmal ein Ende haben?

Die amerikanische Psychotherapeutin Lori Gottlieb hat alleine schon aufgrund ihres Berufes große Therapieerfahrung – die Auseinandersetzung mit der eigenen Person und mit ihren Formen der Krisenbewältigung ist verpflichtender Teil in der Ausbildung und in den späteren Fallsupervisionen, die den Beruf der Psychotherapeutin begleiten. Lori Gottlieb ist ein Profi, sie beherrscht das Handwerkszeug der Psychotherapie, ist gebildet, belesen, erfahren im Umgang mit den Krisen ihrer Klientinnen und Klienten. Sie bezeichnet sich selbst als „hochfunktional", als eine gut funktionierende Frau, die den Alltag als alleinerziehende Mutter eines kleinen Sohnes, als Partnerin eines erfolgreichen Mannes, als berufstätige Psychotherapeutin, als erfolgreiche Autorin bewundernswert im Griff hat. Das Leben ist, so betrachtet, schön, nahezu perfekt, sie ist eine beneidenswerte Frau.

An einem Wochenende in ihrem nahezu perfekten Leben teilt ihr, völlig unerwartet, ohne jedes vorherige Anzeichen, ihr Freund mit, dass er nicht mehr mit ihr zusammen sein wolle, er wolle, so sagt er, nicht mehr in einer Beziehung leben, in der er sich mit kleinen Kindern auseinander setzen müsse, er wolle die Freiheit eines unabhängigen Erwachsenen. Die Welt bricht zusammen, der Boden unter den Füßen wird glitschig, alles kommt ins Rutschen und entgleitet. Die ersten Tage und Wochen nach dieser Trennung, diesem traumatischen Verlassen Werden, vergehen in einer Art drückender Betäubung. Lori Gottlieb schildert, wie sie weiter in ihrem Alltag irgendwie funktioniert, wie sie aufsteht, ihrem kleinen Sohn Frühstück macht, ihn zur Schule bringt, wie sie in ihrer Praxis den Patientinnen und Patienten zuhört, wie sie Hilfe bei ihren Freundinnen sucht, sich mit Hilfe von endlosen wütenden Gesprächen Entlastung verschaffen möchte. Sie beginnt den Freund im Internet zu stalken, sie klammert sich an die Illusion, er könne zurückkommen, sie vernachlässigt ihr Äußeres, sie zeigt alle Symptome tiefen Verlassenseins. Sie kommt mit ihrem psychotherapeutischen Wissen bei sich selbst nicht weiter. Sie stellt fest, dies alles hilft nicht so richtig, es geht ihr „mit jedem Tag schlechter statt besser" (Gottlieb 2020, S. 52).

„Vielleicht solltest du mal mit jemandem darüber reden" sagt schließlich nach einigen Wochen des Durchhaltens eine Freundin zu ihr. Diese Empfehlung ist zugleich der Titel ihres Buches, das diesen eigenen Prozess einer Therapie mit den Geschichten ihrer Patientinnen und Patienten miteinander verwebt. Wer sind ihre Patientinnen und Patienten? Wir lernen John kennen, den Produzenten einer erfolgreichen Fernsehserie, der sich mit den Verdrängungen eines schweren Verlustes auseinandersetzen muss. Wir sehen Julie, die als Kassiererin in einem Supermarkt arbeitet, auf der Therapiecouch. Sie weiß, dass sie an ihrer Krebserkrankung sterben wird, Lori Gottliebs therapeutische Arbeit wird zunehmend zu einer Form der Sterbebegleitung und der Auseinandersetzung mit den letzten Fragen des Lebens. Wir lernen die fünfundzwanzigjährige Charlotte kennen, die sich mit Alkoholproblemen herumschlägt und die siebzigjährige Rita, die in ihrem Leben keinen Sinn mehr erkennen kann. Und wir lernen Wendell kennen, den Therapeuten, den Lori Gottlieb aufsucht, als sie nicht mehr weiterkann. Wir sehen die erfahrene Therapeutin hilflos weinend in seinem Praxiszimmer, so unsicher, dass sie kaum weiß, welchen Platz sie in diesem Zimmer einnehmen soll. Sie ist wieder zurückgeworfen auf Anfang, das Spiel beginnt von Neuem. Wer bin ich? Was habe ich mir in der Beziehung zu dem Freund, von meinem Leben, von mir erwartet? Warum trifft mich diese Trennung so hart? Warum funktioniere ich nicht mehr? Was stimmt nicht? Wer rettet mich?

„Niemand wird sie retten", wird Wendell, der Therapeut, sagen. Aber er wird ihr, so schreibt Lori Gottlieb, dabei helfen, sich selbst zu retten. Er wird ihr zeigen, wie sie in einer endlosen inneren Schleife den Schmerz in Leid verwandelt, indem sie die Trennung als eine Geschichte von Schuld und Opfer erzählt. Er wird ihr zeigen, dass sie „um etwas Größeres trauert" (Gottlieb 2020, S. 93). Sie wird die Einsicht erlangen, dass dieses Größere *der Verlust ihrer Zukunft* ist. „Wir glauben immer", so Lori Gottliebs Erkenntnis, „dass die Zukunft später passiert, dabei erschaffen wir sie Tag für Tag im Geiste. Wenn die Gegenwart zerbricht, dann geschieht es auch mit der Zukunft, die wir mit ihr verknüpft haben. Und die Zukunft verloren zu haben, ist die Mutter aller Wendepunkte in einem Handlungsstrang." (Gottlieb 2020, S. 95). In dieser Therapie wird Lori Gottlieb die fundamentale Einsicht aller Psychotherapie für sich wiedergewinnen. Sie besteht in der Akzeptanz des Verlusts der eigenen Zukunft. „Wenn ich in der Gegenwart leben will", so schreibt sie, „muss ich den Verlust meiner Zukunft akzeptieren." (Gottlieb 2020, S. 95).

Jede Krise ist anders. Meistens überstehen wir Krisen, weil wir gut geschützt sind, von liebevollen Menschen umgeben, weil die Mittel, die wir haben, zu ihrer Bewältigung passen. Dann reicht es aus, dass wir spazieren gehen an der frischen Luft, viele Bücher lesen, auf Reisen gehen, im Fitness Studio das psychische Gift aus den Muskeln jagen, die Nächte durchtanzen, Serienmarathons veranstalten, gute Bücher lesen. Manchmal überstehen wir eine Krise, indem wir einfach abwarten, denn wir haben die Erfahrung gemacht, dass mit der Zeit Wunden heilen können. Aber es gibt Krisen, die uns auf etwas hinweisen, das über den reinen Anlass, den reinen Auslöser hinausreicht. Sie legen eine Spur in unser Innenleben, sie zeigen uns, dass wir eine Geschichte mit uns herumtragen, die wir seit langer Zeit kennen, aber mit großer Furcht vor uns verbergen konnten. Dies ist der Punkt, an dem eine Therapie Sinn macht, weil sie uns dabei hilft, der Angst vor der inneren Wahrheit zu begegnen. Sie hilft uns „etwas Größeres" als die Krise selbst in uns zu sehen. In der Zusammenarbeit mit einer Therapeutin, einem Therapeuten können wir dieser Wahrheit auf die Spur kommen und uns allmählich wieder eine Zukunft vorstellen. Auch Lori Gottlieb hat in dieser Therapie ihr Leben wieder zurückgewonnen. Aber es ist nicht das alte Leben, geprägt von ihren Vorstellungen von Sicherheit, Gleichmaß und ewigem Gelingen. „Im Verlauf dieses Jahres hatte sich soviel geändert, und ich fühlte mich nicht nur besser gerüstet für die Herausforderungen und Ungewissheiten des Lebens, sondern verspürte auch mehr inneren Frieden als vorher." (Gottlieb 2020, S. 517).

Aber Lori Gottlieb ist eine erfahrene Therapeutin. Sie weiß aus der Erfahrung in ihrer eigenen Arbeit, dass die Einsichten, die sie in ihrer Therapie gewonnen hat, das Rüstzeug, das sie sich erarbeitet hat, ihr für *diese* Krise, *diese* Phase ihres Lebens eine Hilfe waren. Sie weiß, dass wieder andere Zeiten kommen können, sie weiß, dass es vielleicht einmal wieder notwendig sein wird, Wendell, ihren Therapeuten, um Hilfe zu bitten.

Zu Beginn seiner Überlegungen zu seinem Essay *Die endliche und die unendliche Analyse* erzählt Sigmund Freud die Geschichte eines Patienten, eines jungen wohlhabenden Russen, den er in den Jahren vor Ausbruch des Ersten Weltkriegs in einer langwierigen Analyse behandelt hatte. Erfolge der Therapie zeichneten sich ab, der junge Mann gewann an Selbständigkeit, an Beziehungsfähigkeit und Interesse am Leben. Alles scheint sich zum Besseren zu wenden, „aber dann stockte der Fortschritt" (Freud 1982, S. 358). Um die Therapie zum Erfolg zu bringen, so schreibt Freud „griff ich zum heroischen Mittel der Terminsetzung. Ich eröffnete dem Patienten zu Beginn einer Arbeitssaison, daß dieses nächste Jahr das letzte der Behandlung sein werde, gleichgiltig, was er in der ihm noch zugestandenen Zeit leiste." (Freud 1982, S. 358). Der Patient glaubt dies zunächst nicht, dann aber erkennt er den Ernst, er verlässt die Komfortzone, in die er sich nach Einschätzung Freuds in der Therapie eingerichtet hat und arbeitet intensiv mit. Die Drohung der zeitlichen Begrenzung schien zu wirken. „Als er mich im Hochsommer 1914 verließ", so schreibt Freud, „ahnungslos wie wir alle der so nah bevorstehenden Ereignisse, hielt ich ihn für gründlich und dauernd geheilt." (Freud 1982, S. 358).

Aber diese Heilungsgeschichte war nicht zu Ende. Das heroische Mittel der Terminsetzung hat nicht alles lösen können, vielleicht sogar das Gegenteil bewirkt. Nach Kriegende wird Freud den früheren Patienten wiedersehen und ihm dabei helfen müssen, ein „nicht erledigtes Stück der Übertragung zu bewältigen" (Freud 1982, S. 359). Die Erfolge der ersten Therapie, das willkürlich Setzen eines Endes haben beide – Patient wie Therapeut – darüber hinweggetäuscht, dass tief in den Schichten des inneren Traumas ein Schmerz lag, der mit der Drohung der Terminsetzung erst recht innerlich eingeschlossen wurde und wieder sichtbar wurde, als eine neue Krise ins Leben des jungen Mannes getreten ist.

Es gibt, das ist die Erkenntnis Freuds, kein Ende einer Therapie, wenn das Maß die „vollständige Heilung" ist. Denn welches Bild haben wir von der vollständigen Heilung? Bedeutet sie, dass wir für die Zeit des Lebens, die uns noch bleibt, unberührbar geworden sind für das, was noch kommen kann? Bedeutet sie, dass wir immun sind gegen jede Belastung des Lebens? Sigmund Freud hat Zweifel. Es könnte sein, dass eine „vollständige Heilung" nichts anderes ist als das günstige Schicksal des Patienten, der Patientin, dass sie nicht das Verdienst der Therapie, sondern das Verdienst des Lebens ist, das die Menschen nach der Therapie erfahren. „Wenn der so hergestellte Patient niemals wieder eine Störung produziert, die ihn der Analyse bedürftig macht", so schreibt Freud, „so weiß man freilich nicht, wieviel von dieser Immunität der Gunst des Schicksals zu danken ist, die ihm zu starke Belastungsproben erspart haben mag." (Freud 1982, S. 361).

Jede Therapie hat ihr Schicksal. Wenn es gut geht, endet die Therapie mit einer Gewissheit, dass es uns besser geht, der Schmerz der Vergangenheit uns nicht mehr überwältigt und unser gegenwärtiges Leben zerstört. Wenn es gut geht, fühlen wir uns für die Zukunft besser gerüstet, wir sind gelassener und freundlicher zu uns. Wir finden unseren inneren Frieden wieder. Aber die Hoffnung auf eine „vollständigen Heilung" unseres Schmerzes, unseres Leids, unserer inneren Belastungen täuscht uns, wie sie den jungen russischen Patienten und den großen Therapeuten Freud getäuscht hat. Denn sie schließt das Leben aus, das noch vor uns liegt. Sie schließt die Ungewissheit aus, die Teil unseres Lebens ist, es immer sein wird. Was wissen wir schon über die Zeiten, die noch vor uns liegen?

„Nehmen wir es einfach als eine Pause im Gespräch", sagt Lori Gottlieb in ihrem (vorerst) letzten Gespräch zu Wendell, ihrem weisen Therapeuten. „Wie jede Woche, nur diesmal eben länger". Sie weiß, „dass ich vielleicht eines Tages wiederkomme. Und das ist die Wahrheit: Die Menschen gehen und kommen irgendwann auch wieder zurück. Und wenn sie es tun, sitzt der Therapeut immer noch auf demselben Stuhl und bringt sein Wissen über ihre Geschichte mit ein." (Gottlieb 2020, S. 520).

Es gibt keine Therapie auf Vorrat. Es reicht, wenn uns eine Therapie aus einer Krise hilft und uns hilft, mit der Ungewissheit besser zurecht zu kommen, die unser Leben ist. Es reicht, wenn wir am Ende der Therapie wissen, dass es eine Möglichkeit gibt, uns wieder dorthin, in den Raum der Therapie begeben zu dürfen, wenn die Not zu groß ist. Und über allem steht die Einsicht, dass es Dinge im Leben gibt, die wir nicht – oder nicht vollständig – bewältigen können. Zu diesen Dingen gehört die Zukunft. So ist das Leben.

Literatur

Freud, Sigmund (1982). Die endliche und die unendliche Analyse. (Erstveröffentlichung 1937). Studienausgabe Band 5, S. 351 ff., Fischer.

Gottlieb, Lori (2020). Vielleicht solltest du mal mit jemandem darüber reden. Hanser.

The manufacturer's authorised representative in the EU is Springer Nature Customer Service Centre GmbH, Europaplatz 3, 69115 Heidelberg, Germany. If you have any concerns regarding our products, please contact ProductSafety@springernature.com

Printed and bound by CPI Group (UK) Ltd, Croydon, CR0 4YY
25/03/2026
02078182-0001